LE SECRET DE LA PYRAMIDE

CHAPITRE 1

« Alexandre, aide ton père et ta sœur à déballer leurs bagages ! »

Quand sa mère l'appelait « Alexandre », c'était signe de sérieux. En réalité, il avait fait exactement ce que ses parents lui avaient interdit de faire : parler à des inconnus qu'il venait de rencontrer à l'hôtel. Le concierge n'avait même pas eu le temps de porter tous leurs bagages jusqu'à leur chambre numéro 621 qu'Alex avait déjà exploré tout le hall de l'immense hôtel, s'arrêtant pour discuter avec les femmes de ménage comme s'il les connaissait depuis toujours.

Alex soupira et obéit à sa mère. Il ouvrit sa valise sur le lit, qui sentait bon et était bien fait, et commença à en sortir des vêtements, des articles de toilette et ce que son père appelait des « gadgets technologiques de pointe ».

En réalité, ces gadgets n'étaient rien d'autre que le dernier ordinateur portable du marché, une tablette, des écouteurs sans fil et un smartphone, qui venait également de sortir. Sa mère et son père lui avaient demandé ce qu'il comptait faire de tous ces appareils technologiques en Égypte, puisqu'ils passeraient la plupart de leur temps à faire des randonnées, à se détendre au bord de la piscine ou à manger au restaurant de l'hôtel. Alex leur avait expliqué mille fois, mais ils n'avaient jamais semblé comprendre : sans ces appareils, il était perdu, complètement déconnecté. Il ne pouvait pas vivre sans déverrouiller l'écran de son smartphone et vérifier ce qui se passait dans le monde, ou tout simplement savoir de quoi parlaient ses quinze amis dans les groupes de discussion de ses jeux vidéo préférés. Tout comme il ne pouvait pas vivre sans écouter la musique de ses écouteurs sans fil adorés, ou sans rattraper les épisodes de ses séries préférées, qu'il suivait toutes en même temps.

Il était littéralement « accro » à la technologie, comme tout le monde le disait. Sans parler du fait que les séries télévisées qu'il regardait étaient toujours du genre fantastique, surnaturel ou futuriste. Cela faisait de lui un véritable « nerd », et Alex en était fier. D'ailleurs, de quoi ses parents pouvaient-ils bien se plaindre ? Après tout, sa sœur avait aussi apporté son téléphone portable et son ordinateur ! Et pour couronner le tout, Alex était surnommé « génie du code » par ses parents et ses amis. Ce n'était pas comme s'il était un hacker, non ! Ses parents exagéraient toujours. Il était simplement très doué pour trouver des mots de passe et déchiffrer des codes.

Soyons clairs, ce n'est pas qu'Alex n'avait pas envie de partir une semaine en vacances en Égypte, loin de là : il était enthousiaste à l'idée de se faire de nouveaux amis, de partager ses passions avec de nouvelles personnes, et même d'explorer un pays qu'il ne connaissait pas, il faut bien l'avouer. Cependant, le fait d'être loin de ce qui constituait son univers et de ne pas pouvoir passer la majeure partie de la journée devant un écran, comme il aimait le faire, l'avait un peu freiné. Lorsqu'il eut fini d'installer toutes ses affaires dans sa chambre (heureusement, sa grande sœur et lui avaient chacun leur propre chambre), il poussa un soupir de soulagement et décida de sortir un peu pour explorer l'hôtel. Il jeta un coup d'œil dans la chambre de Genève et la trouva confortablement allongée sur le lit, occupée à répondre à quelques messages sur son téléphone portable.

Sa sœur le remarqua et lui lança un regard agacé. « Qu'est-ce que tu veux ? » lui demanda-t-elle. Genève traversait cette phase difficile que tout le monde appelait « l'adolescence », c'est pourquoi elle lui répondait toujours de manière agacée et inamicale. Ou du moins, c'est ce qu'on lui disait, car il ne comprenait pas les filles.

« Tu viens faire un tour avec moi ? » demanda-t-il en la regardant droit dans les yeux. Alex savait qu'il avait un certain pouvoir sur les gens quand il faisait son regard de chien battu, comme le prouvait le fait que ses parents cessaient soudainement d'être en colère quand il faisait cette grimace.

« Faire quoi ? Tu ne devrais pas rester dans ta chambre à regarder tes séries télévisées nulles ? », répondit-elle.

« Allez, viens ! Papa et maman veulent dormir un peu pour récupérer du voyage en avion. On peut en profiter pour faire un tour et se faire des amis. »

« Pourquoi cette envie soudaine de te faire des amis partout ? Moi, je n'ai pas envie de me faire des amis. »

« Bien sûr, tu es impossible ! » s'exclama le jeune garçon en s'approchant d'elle, lui prenant le téléphone des mains et le jetant au pied du lit. « Si tu ne m'accompagnes pas, j'irai seul. Et s'il m'arrive quelque chose de grave, tu m'auras sur la conscience. »

Cette dernière phrase sembla enfin avoir l'effet escompté sur Genève, qui se leva en soupirant. « D'accord ! Mais seulement une demi-heure, après on retourne à la chambre, compris ? »

« Sarah, peux-tu t'occuper de l'enregistrement des prochains clients ? Je dois m'occuper de cette paperasse », demanda son père derrière le comptoir de l'hôtel de luxe sophistiqué « Cleopatra's Nest ».
La jeune fille renifla d'agacement, se plaça derrière le comptoir et attendit l'arrivée des prochains clients.
Sarah était maintenant habituée à cet hôtel, c'était comme sa deuxième maison, surtout en été : il y avait tellement de travail que son père lui demandait souvent un coup de main, pour ne pas la laisser seule à la maison tout le temps.
Cela ne la dérangeait pas que son père soit le propriétaire de cet immense et célèbre hôtel de luxe en Égypte. Si son père n'avait pas possédé cet hôtel, elle n'aurait pas vécu dans une belle villa de trois étages dans la zone la plus touristique d'Égypte, pleine de confort. Elle savait bien qu'elle avait de la chance. Elle était même fille unique, si bien que son père la traitait littéralement comme la petite princesse de la maison.

Sa mère, en revanche, était toujours en voyage pour son travail et on ne la voyait jamais, mais elle ne manquait pas tant que ça à Sarah. Pourtant, malgré la belle vie qu'elle menait, il était toujours ennuyeux pour elle de devoir aider son père à gérer la paperasse de l'hôtel pendant ces semaines d'été très chargées.

À travers les hautes portes vitrées, des gens de tous les continents — Europe, Amérique, Afrique, Asie, Océanie — ne cessaient d'entrer. Des femmes, des hommes, des enfants, des familles aux traits complètement différents. Son père lui avait toujours dit que c'était une chance que leur hôtel soit si populaire auprès de clients venus des quatre coins du monde, mais Sarah ne voyait toujours pas le côté positif de tout cela. Elle ne se faisait pas d'amis, et elle n'avait pas envie d'en avoir. Tous ceux avec qui elle essayait de se lier d'amitié étaient stupides, pauvres ou extrêmement différents d'elle. Souvent, nombre de ses prétendus « amis » avaient l'audace de la traiter de "hautaine". Mais comment osaient-ils ? C'est pour cette raison que Sarah n'avait pas d'amis et ne cherchait même pas à en avoir. Elle se débrouillait très bien toute seule.

Soudain, la jeune fille remarqua un garçon de son âge, onze ou douze ans, qui se promenait comme une toupie, importunant les clients nouvellement arrivés ou les gardiens qui tentaient de faire leur travail. Ce garçon étrange était suivi par une fille plus âgée, qui essayait de l'arrêter et de lui dire de rester tranquille. Mais qui était donc ce drôle de personnage ? S'il continuait à déranger les clients avec son bavardage incessant, Sarah serait obligée d'appeler son père ou, pire encore, la sécurité.

« Hé, toi ! » l'appela-t-elle avec colère, sortant de derrière le comptoir et marchant vers lui avec détermination. « Qu'est-ce que tu crois faire, hein ? Tu n'as pas le droit de parler comme ça à des inconnus ! Les clients n'ont pas envie de t'écouter ! » s'emporta-t-elle dès qu'elle fut près de lui, attirant l'attention du jeune garçon, de la fille à ses côtés, ainsi que des clients avec qui il discutait.
À ce moment-là, tous se tournèrent vers elle en marmonnant. Apparemment, Sarah avait peut-être mal compris : les personnes avec qui le garçon parlait, y compris un couple de personnes âgées, semblaient apprécier la compagnie du bavard, à tel point qu'ils lui jetèrent un regard mauvais, comme si elle les avait interrompus au mauvais moment. Soudain, elle se sentit légèrement mortifiée et gênée par l'embarras.

Pendant ce temps, le petit garçon la regardait avec de grands yeux ronds bleu ciel. « Je suis désolé... ! Je ne pensais pas déranger, je m'excuse ! Vous êtes censée être qui, un garde du corps indépendant ? » lui demanda-t-il, la laissant sans voix.
« Est-ce que j'ai l'air d'un garde du corps ?! »
La plus âgée intervint immédiatement : « Hé, petite fille, ne parle pas comme ça à mon frère, d'accord ? » On pouvait voir qu'ils étaient frère et sœur, pensa Sarah, car ils se

ressemblaient : elle avait de grands yeux bleus, un visage rond plein de taches de rousseur orange, et une masse de cheveux bouclés de la même couleur, entre le rouge et l'orange. Les seules différences étaient qu'elle était plus grande et visiblement plus forte.

« Pas besoin d'être agressive, Genève », dit le garçon, défendant Sarah de façon surprenante.

« Cette petite fille gâtée doit apprendre les bonnes manières, Alex », répondit sèchement la jeune fille.

« Allez, arrête d'être grincheuse ! » dit Alex à sa sœur avant de se tourner à nouveau vers Sarah. « Quel est ton nom ? Moi, c'est Alex ! Tu ne serais pas, par hasard, la fille du propriétaire de l'hôtel ? C'est pour ça que tu es si attentive à la sécurité des clients ? »

Sarah fut submergée par cette avalanche de questions et dut réfléchir une seconde avant de répondre. Elle n'était pas habituée à autant d'exubérance. « Je m'appelle Sarah. Mon père est le propriétaire de l'hôtel. Je l'aide », répondit-elle en essayant de mettre de côté sa méfiance.

Ce garçon souriait trop, il était trop extraverti, trop heureux, trop expansif ! Elle n'arrivait pas à savoir s'il l'agaçait ou s'il la déstabilisait.

« Eh bien, au cas où tu ne le saurais pas, je suis aussi un client de votre hôtel. Je suis ici en vacances avec ma famille pour une semaine ! Si tu connais bien l'Égypte, tu pourrais être mon guide, qu'en penses-tu ? »

Sarah ouvrit grand les yeux, surprise.

Sam ouvrit grand les yeux, haletant de frayeur.

Encore ce cauchemar étrange et incompréhensible qui le privait de sommeil.

Le jeune garçon retira les écouteurs de ses oreilles et essuya la sueur de son front, essayant de reprendre son souffle. Il pensait inévitablement à ces étranges créatures aux traits non humains. Dans ses rêves, il ne pouvait jamais vraiment voir à quoi elles ressemblaient, car elles étaient toujours enveloppées d'ombres, de brumes étranges ou de puissants faisceaux de lumière. Tout ce qu'il pouvait en déduire, c'est qu'elles étaient grandes, immensément grandes, presque gigantesques. Elles venaient du ciel, à chaque fois. Il en était convaincu, il s'était persuadé qu'il s'agissait d'extraterrestres. Mais pourquoi, depuis quelques jours, ne rêvait-il que d'extraterrestres ? Que se passait-il dans son esprit ? Il n'avait jamais cru aux ovnis, ni à d'autres formes de vie quelque part dans l'univers.

Sam s'extirpa de ses pensées et réalisa que son avion était enfin en train d'atterrir. Neuf heures de vol, c'était long, et le poids du décalage horaire ne tarderait pas à se faire sentir. Il ramassa tous les livres qui lui avaient tenu compagnie pendant le voyage (du moins avant qu'il ne s'endorme), détacha sa ceinture et se dirigea vers la sortie de l'avion, avec les autres passagers.

Il faisait chaud en Égypte, le genre de chaleur étouffante qui vous pénètre jusqu'aux os, et c'était le milieu de l'été, comme si cela ne suffisait pas. Sam souffla, sentant déjà l'air brûlant sur ses mains, alors qu'il descendait les marches qui le mèneraient au sol.

Lorsque ses pieds touchèrent enfin le béton, la première personne qu'il rencontra fut sa sœur, assise deux rangées derrière lui dans l'avion. « Hé, Sammy, c'est quoi cette tête ? Encore des cauchemars ? », lui demanda-t-elle d'un air inquiet. Fie avait six ans de plus que lui, c'était une fille sociable et joyeuse de dix-huit ans qui avait toujours un bon mot pour tout le monde. Disons que si Fie était un jour ensoleillé, Sam était une nuit sans lune dans la famille : elle était constamment radieuse et lumineuse, tandis que Sam était souvent mélancolique, réservé, sombre et introverti. En fait, ils ne se ressemblaient même pas physiquement : Fie avait hérité des cheveux bruns, du sourire contagieux et des yeux gris de leur père, tandis que Sam avait reçu toutes les couleurs et les traits de leur mère. Pourtant, malgré ces différences, Fie avait toujours été son ange gardien, son épaule, le roc sur lequel il pouvait s'appuyer : elle le protégeait de tout et de tous, se tenait à ses côtés et s'intéressait toujours à ce qu'il faisait. Il n'était pas étonnant qu'elle soit la seule à remarquer ses fréquents cauchemars.

C'est pour cette raison que sa sœur Fie était la seule personne en qui il pouvait avoir confiance. Elle et ses livres adorés. Il n'avait besoin de rien d'autre.

Il s'efforça de lui sourire, d'avoir l'air normal, moins fatigué et tourmenté.

Fie lui tendit alors sa trousse de maquillage avec le miroir à l'intérieur, l'invitant à se regarder.

Sam ouvrit sa petite trousse de maquillage et se regarda dans le miroir : sa peau très pâle était d'un blanc presque cadavérique, ses yeux vert clair étaient fatigués et cernés de violet, tandis que ses épais cheveux blond cendré étaient tellement ébouriffés qu'on aurait dit qu'un camion lui avait roulé dessus. Oui, il ne passerait pas inaperçu à côté des habitants, frais, bronzés et pleins de vie. Il rendit le miroir à sa sœur et accepta son bras nu autour de ses épaules, se laissant entraîner dans l'aéroport pour récupérer ses bagages avec leurs parents.

Après trente minutes de taxi, Sam, Fie et leurs parents atteignirent le célèbre hôtel cinq étoiles "Cleopatra's Nest", où ils allaient passer dix jours de vacances.
Ils descendirent tous les quatre du taxi et regardèrent autour d'eux avec surprise : tout ce qui les entourait respirait le luxe, de l'immense piscine qui s'étendait au loin à l'allée bordée d'arbres menant à l'entrée.
« Karl, chéri, tu as vu comme c'est beau ? Cet hôtel que ton ami nous a recommandé est vraiment aussi spectaculaire qu'il nous l'a décrit ! » s'exclama la mère, excitée, se tournant également vers ses enfants. « On va bien s'amuser ici, les enfants, vous verrez ! », les rassura-t-elle, avant de remarquer l'air distant et fatigué de son plus jeune fils. « Tu peux me faire un petit sourire, Sam ? », lui demanda-t-elle. Sam acquiesça et prit un air satisfait.
En vérité, il était vraiment impressionné par la beauté de cet hôtel où ils allaient séjourner pendant dix jours. Cependant, toute cette foule de gens le mettait mal à l'aise. Il avait toujours été habitué à être seul, à lire tranquillement ses livres. Il détestait être observé, jugé, et même touché parfois. La seule note positive dans tout cela (et la seule raison pour laquelle il avait accepté de partir en vacances) était qu'ils étaient en Égypte.

Sam savait tout sur l'égyptologie, vraiment tout.

Il adorait l'histoire égyptienne, de loin sa période historique préférée. Il avait visité tous les musées égyptiens et toutes les expositions sur le sujet, lu tous les livres sur toutes les dynasties pharaoniques qu'il avait pu trouver, et même participé à des réunions de fans en ligne. C'était une véritable obsession pour lui, et il n'arrivait même pas à expliquer pourquoi. Il aimait leurs coutumes, bien sûr, et il était inévitablement attiré par leur intelligence exceptionnelle, mais... cette fixation n'était pas normale, n'est-ce pas ? Tout le monde le lui disait, y compris ses parents, que ce n'était pas une fixation normale. La seule qui n'en parlait jamais, c'était sa sœur.

Bien que n'approuvant pas son obsession, ses parents avaient quand même décidé de l'accommoder et de l'emmener enfin visiter son Égypte bien-aimée pour la première fois de sa vie (ils l'avaient fait davantage parce qu'ils voulaient séjourner dans l'hôtel luxueux recommandé par leur ami, mais ce sont là des détails).

Pour cette raison, Sam ne pouvait pas s'enfermer dans sa chambre pour lire comme son instinct le lui dictait. Non, il devrait visiter tout ce qui pouvait l'être et faire des excursions sur cette belle terre du matin au soir.

Pas question de se contenter des piscines, de la détente et des restaurants sous les étoiles. Il était là pour explorer et lire. Rien d'autre.

Lorsque le porteur eut récupéré toutes les valises dans le taxi, Sam se dirigea avec sa famille vers l'entrée vitrée de l'imposant hôtel.

Mais dès qu'il franchit la porte, Sam n'eut même pas le temps de comprendre ce qui se passait : la seule chose que son esprit enregistra, c'est un garçon et une fille de son âge qui se disputaient dans l'embrasure de la porte, et le bras de cette dernière qui s'agita involontairement vers lui, le faisant tomber en arrière sur le sol. Sam heurta violemment le carrelage et sentit une substance visqueuse couler de son nez.

« Oh non ! Sarah, regarde ce que tu as fait ! Tu l'as frappé si fort qu'il saigne du nez ! » s'exclama le petit garçon qui se précipita immédiatement pour l'aider.

À ce moment-là, la jeune fille qui l'avait accidentellement frappé dans le feu de la conversation regarda sa propre main encore en l'air et réalisa ce qui s'était passé. Elle s'accroupit à côté de Sam, qui était toujours allongé sur le sol, un peu secoué et le nez en sang.

« Je ne l'ai pas vu entrer ! » se justifia-t-elle, avant de se tourner vers le blond : « Désolée, je suis vraiment désolée de t'avoir frappé. Ça va ? »
« Ce n'est rien... » dit Sam en touchant du doigt le sang qui continuait de couler de son nez.
« Heureusement que papa et maman sont déjà partis voir ailleurs et n'ont rien vu, sinon ils auraient été furieux... » commenta Fie, restée à quelques mètres mais continuant à observer son petit frère se faire aider par ces deux étranges gamins. Fie se retourna et remarqua la présence d'une fille qui devait avoir à peu près son âge, peut-être dix-sept ou dix-huit ans. « Hé ! Es-tu la sœur du garçon qui aide mon frère ? Vous vous ressemblez, tu sais », lui demanda-t-elle, essayant immédiatement de se lier d'amitié avec elle, affichant son sourire jovial et contagieux.
« Le pauvre garçon est ton frère, alors ? Vous ne vous ressemblez pas du tout, au contraire », remarqua la rousse en se tournant vers elle, un peu timide et un peu méfiante.
Mais Fie ne se laissa pas décourager par son attitude et sourit à nouveau. « Quelle coïncidence ! Nous avons le même âge, et nous avons deux petits frères du même âge ! Vous êtes aussi en vacances ? »

Pendant que Fie et Genève faisaient connaissance, Alex et Sarah aidaient Sam à se relever.

« Je vais bien, je peux me lever, ne vous inquiétez pas », dit-il en essayant de se mettre debout tout en s'accrochant à eux deux.

« Je devrais peut-être aller chercher un mouchoir pour essuyer le sang sur son nez », dit Alex.

« Oui, bonne idée, vas-y », l'encouragea Sarah.

Mais dès qu'Alex lâcha le bras de Sam, ce dernier ressentit un étrange vertige et tout devint soudainement noir devant ses yeux.

Sam ouvrit lentement les yeux et se retrouva soudain allongé sur un lit de camp blanc, dans une sorte d'infirmerie.

Les premiers visages qu'il vit à ses côtés lui semblaient étrangement familiers : le premier était un jeune garçon de son âge, avec une tignasse de cheveux couleur carotte, deux grands yeux bleus et un visage parsemé de taches de rousseur orange ; le second était une jeune fille, également de son âge, avec une peau aussi noire que le chocolat, de longues boucles afro foncées et deux grands yeux noirs. C'étaient les enfants qui l'avaient secouru après sa chute. Il se souvenait maintenant qu'elle l'avait accidentellement frappé en se disputant avec l'autre, qu'il était tombé et avait commencé à saigner du nez.

Des flashs de conversations confuses avec eux et un grand vertige lui revinrent à l'esprit. Puis ce fut l'obscurité totale.

« Où suis-je... ? » murmura Sam, reprenant contact avec sa voix et son environnement.
« Tu es enfin réveillé ! » s'exclama le garçon roux, heureux et soulagé, en s'approchant de lui, prenant un peu trop d'assurance au goût de Sam.
« Tu te souviens de ce qui s'est passé, n'est-ce pas ? » lui demanda la jeune fille, ce qui le poussa à reporter son attention sur elle. Elle avait l'air mortifiée et semblait même en conflit avec elle-même. Sam pensa qu'elle n'avait pas l'habitude de se sentir coupable de quelque chose ou envers quelqu'un, vu la façon dont elle réagissait, comme si cela lui coûtait de s'excuser.
« Oui, je m'en souviens. Tu m'as frappé au visage et je suis tombé », répondit Sam.
« Eh bien, à ce propos... je voulais m'excuser, encore une fois. Je ne l'ai pas fait exprès, d'accord ? Ça va maintenant ? » dit-elle en baissant son joli visage vers le sol.
« Ne t'inquiète pas. Oui, je vais bien, mais... où suis-je ? » demanda le blond en se soulevant un peu du lit.

« Tu es à l'infirmerie de l'hôtel ! Tu as perdu trop de sang par le nez et tu t'es évanoui », répondit l'autre.

« Mon père est le propriétaire, je connais cet hôtel comme ma poche. Nous l'avons appelé dès que tu t'es évanoui, et il nous a dit de t'emmener à l'infirmerie super équipée où nous nous trouvons. Ta sœur est venue te chercher et t'a amené ici, maintenant elle attend que tu te réveilles », expliqua la jeune fille.

« Une infirmière a essuyé le sang sur toi et s'est assurée que tu arrêtais de saigner. Apparemment, tu souffres d'une faiblesse capillaire, le savais-tu ? Oh, et puis elle nous a dit que tu allais bientôt te réveiller et de te donner quelque chose à manger pour te redonner des forces dès ton réveil », ajouta le garçon en lui tendant un en-cas au chocolat qui avait l'air très tentant.

L'estomac de Sam gronda à cette vue : il n'avait rien mangé depuis plus de neuf heures. Il ne l'admettrait jamais, mais il avait tellement faim qu'il aurait même mangé un rhinocéros. Il prit l'en-cas, le déballa et commença à le manger en soupirant de délectation.

« Ne t'inquiète pas, tes parents ont été prévenus par mon père et ta sœur, ils ont été rassurés que tu allais bien et t'attendent dans ta chambre. Il faut prévenir ta sœur que c'est ici que tu t'es réveillé, d'ailleurs », conclut la jeune fille.

« Enfin, tu es sûr que ça va ? » lui demanda l'autre.

« Oui, en effet, tu as l'air malade. »

Cette interrogation lui donnait mal à la tête. Il s'adossa à l'oreiller du canapé en mâchant et se toucha le nez avec la main, réalisant seulement à ce moment-là qu'il avait du coton coincé dans une narine. Il le retira et remarqua qu'il était taché de sang séché. C'était dégoûtant, mais au moins son nez ne saignait plus. Il jeta le coton dans le panier à côté et regarda à nouveau les deux enfants. « Je vous remercie de m'avoir sauvé, les gars, vraiment, vous n'aviez pas besoin de vous inquiéter pour moi. Et puis, ce n'était qu'un accident, ce n'est pas de votre faute. »

« Ne dis pas de bêtises, nous étions heureux de t'aider ! Et puis, comme ça, on a réussi à se faire des amis, non ? Au fait, je m'appelle Alexandre, mais tu peux m'appeler Alex ! » s'exclama-t-il en s'approchant à nouveau trop près.

Alex n'avait aucune notion de l'espace vital, se dit Sam, dépité, en retenant de justesse un sourire amusé.

« Je m'appelle Sarah. Ne crois pas que je sois amie avec l'intello d'à côté. Nous nous sommes rencontrés juste avant que je ne te colle ma main dans la figure. En fait, c'est de sa faute si tu es tombé par terre, parce que c'est lui qui m'a mise dans tous mes états avec son discours insistant ! » s'exclama-t-elle en jetant un regard à Alex.

« Hé ! Je t'ai seulement demandé d'être mon guide ici en Égypte puisque ton père est propriétaire de l'hôtel et que tu vis ici ! Qu'est-ce que j'ai dit de mal ? » se plaignit Alex, puis se retourna pour regarder Sam, allongé sur le lit de camp. « Et quel est ton nom ? »

« Je m'appelle Samuel. Vous pouvez m'appeler Sam, » répondit-il timidement.

« Alors, tu es aussi en vacances ici ? » demanda Alex.

« Oui, tout à fait ! Je vais rester une semaine en Égypte ! Alors que Sarah vit pratiquement ici ! »

« Hé, j'ai une idée ! » s'exclama Alex en se tournant vers Sarah. « Pourquoi ne nous servirais-tu pas de guide à tous les deux pendant ces jours de vacances ? Avant, quand je te l'ai demandé, tu as dit non, mais comme on est deux maintenant, et que tu dois te faire pardonner d'avoir blessé Sam... tu accepterais ? »

Le gamin était un petit manipulateur, Sam devait l'admettre. Il regarda Sarah réfléchir, troublée. Elle y réfléchissait donc vraiment.

Sam comprit tout de suite que cette jeune fille devait être très hautaine et égocentrique. Il l'avait remarqué à la façon dont elle se tenait face à Alex et à son air de supériorité.

En temps normal, il aurait détesté les gens comme elle, mais à ce moment-là, il ne pouvait se résoudre à être agacé par cette attitude : après tout, elle l'avait aidé et s'était même excusée plusieurs fois de l'avoir accidentellement frappé. De toute évidence, elle n'était pas aussi insensible qu'elle voulait le faire croire.

« Très bien ! Je serai votre guide ! Mais seulement pour me faire pardonner de t'avoir frappé, » décida-t-elle en désignant Sam.

Dans tout cela, ce dernier n'avait pas encore donné son accord. Comment s'était-il retrouvé dans ce trio de fous, lui qui détestait les amitiés et les contacts physiques ?

« Cela te convient-il ? » demanda Alex.

« Oui... je pense que oui, » acquiesça-t-il, sans vraiment savoir pourquoi. Il n'eut pas le temps de finir sa phrase qu'il se retrouva enlacé par un Alex exubérant, qui jubilait de bonheur.

« Alors faisons comme ça : tu vas dans la chambre de tes parents maintenant, te reposer et les rassurer parce qu'ils vont s'inquiéter ; pendant que nous deux allons récupérer quelques affaires pour notre excursion ; et puis, dans une heure, on se retrouve tous les trois dans le grand hall de l'hôtel, pour partir sous la conduite de notre Sarah ! » lança aussitôt Alex.

« Mais est-ce que tu décides toujours tout toi-même sans consulter les autres ? » se plaignit Sarah en soupirant, mais il était évident qu'elle aussi avait hâte de quitter cet hôtel pour faire quelque chose de nouveau.

« D'accord, continuons comme ça : dans une heure dans le hall, » approuva Sam en se levant du lit de camp.

Ce goûter au chocolat lui avait redonné des forces, et maintenant sa tête ne tournait plus. Il sortit de l'infirmerie et aperçut Fie, assise sur une chaise, qui attendait en jouant sur son téléphone portable.

« Hé, Fie, » dit-il en la voyant. Elle leva les yeux, ses yeux gris s'écarquillèrent, et elle courut vers lui, l'air inquiet.

« Tu vas bien ? » demanda-t-elle en lui relevant le visage. « Malheur à toi si tu restes aussi longtemps sans manger, et si tu te fais encore draguer par des petites filles trop vives ! »

« Mais c'était un accident ! » s'exclama Sam en la voyant rire. Il rit aussi et se laissa conduire vers leur chambre, la 772.

Comme convenu, au bout d'une heure exactement, ils se retrouvèrent tous les trois dans le hall d'entrée, sac à dos sur les épaules, en short et chaussures de randonnée.

Sarah, qui tenait toujours à maintenir sa réputation de fille riche, se présenta en short et avec un sac à dos de marque, ce dernier rempli de paillettes.

« Avec ça, même si tu voulais entrer quelque part sans être vue, on te remarquerait même depuis l'Amérique ! » observa Alex, avant de se faire aussitôt électrocuter par le regard de Sarah.

« Alors, vous êtes prêts, les nouveaux ? » demanda la jeune fille.

« Prêt ! » s'exclama Alex.

« Allons-y, » confirma Sam.

CHAPITRE 2

Gizeh était une grande ville, étouffante et pleine de touristes. Alex et Sam s'en rendirent compte immédiatement en regardant autour d'eux, surpris, comme deux enfants découvrant un nouveau monde. Sarah les regarda en souriant furtivement. Ils avaient beaucoup marché, et le soir n'allait pas tarder à tomber. S'ils ne rentraient pas à l'hôtel avant le dîner, leurs parents allaient les gronder.

« Où nous emmènes-tu exactement, Sarah ? » demanda Alex.

« Eh bien, n'est-ce pas évident ? Voir les pyramides, » répondit-elle.

« Et il n'y a pas de chemin plus court pour aller voir les pyramides ? » se plaignit Alex, en sortant son smartphone pour prendre quelques photos de l'environnement.

« Non seulement tu m'as forcée à être ton guide, mais en plus tu te plains ! Tu es incroyable, » protesta Sarah.

« Tu as toujours ton téléphone portable à la main, » observa Sam en se tournant vers Alex.

« Oh, eh bien, oui, je ne peux pas m'en passer, » expliqua Alex en souriant.

Sarah leva les yeux au ciel.

« Tu peux nous parler de l'histoire égyptienne ? » demanda Alex à Sarah en se penchant vers elle. « Parle-nous au moins des pyramides que nous allons voir ! »

« Qu'est-ce que tu veux que je sache ?! » répondit-elle avec agacement.

« Mais comment ? Tu vis en Égypte ! »

« Le fait que je vive en Égypte ne signifie pas que je suis égyptienne, Alex, » lui expliqua-t-elle, comme une évidence. « Je ne vis ici que parce que l'hôtel de mon père s'y trouve, mais je ne me suis jamais intéressée à l'histoire égyptienne, alors qu'est-ce que ça peut me faire ? »

« Mais tu ne devrais même pas être notre guide ! Je veux en savoir plus sur les pyramides que nous allons voir ! »

« La nécropole de Gizeh est un ensemble de pyramides de la civilisation égyptienne situé dans la banlieue ouest du Caire. Les trois pyramides ont été construites par trois pharaons, Khéops, son fils Chephren, et son petit-fils Mycérinus, au cours de la quatrième dynastie de l'Égypte ancienne, » dit Sam, provoquant l'immobilisation des deux autres, qui se retournèrent pour le regarder, bouche bée.

Le garçon les regarda tour à tour, comme s'il avait dit la chose la plus évidente du monde. Il ne put s'en empêcher. « Qu'est-ce que vous regardez ? » leur demanda-t-il comme si de rien n'était.

Alex lui demanda, les yeux écarquillés : « Tu ne serais pas passé en mode encyclopédie, par hasard ? »

« Comment sais-tu toutes ces choses ? » demanda Sarah, choquée à son tour.

« Je lis beaucoup de livres. L'histoire de l'Égypte ancienne est de loin le sujet qui m'intéresse le plus, » répondit Sam en haussant les épaules et en reprenant sa marche, réalisant qu'ils étaient presque arrivés : au loin, devant eux, se dressait l'une des sept merveilles du monde. Les pyramides étaient encore plus imposantes que ce que Sam avait toujours imaginé, et ses yeux brillaient de joie et d'impatience tandis qu'il les contemplait avec émerveillement.

Alex, à son tour, fut captivé par cette merveille et sortit immédiatement son smartphone dernier cri pour prendre des dizaines et des dizaines de photos.

Sarah, quant à elle, les avait déjà vus des centaines de fois, et elle se contenta d'observer les regards émerveillés de ses non-amis.

« Qu'est-ce qu'on attend ? Allez, suivez-moi, » les encouragea la jeune fille.

Tous trois se dirigèrent vers les pyramides, évitant habilement les différents groupes de touristes qui se réjouissaient de leur visite guidée.

« On peut les voir de plus près ? » demanda Alex, enthousiaste.

« On ne peut pas s'approcher trop près, c'est interdit, » l'avertit Sam, toujours respectueux des règles.

« Je dis qu'on se rapproche ! » insista Alex, laissant sa témérité l'emporter.

« Alex, arrête ! » tenta Sarah pour le bloquer, mais c'était en vain.

Les deux se lancèrent à sa poursuite.

Alex s'approcha suffisamment pour toucher la surface de la pyramide. Heureusement, personne ne faisait attention à eux trois.

Alors que Sarah tentait de freiner la curiosité d'Alex, Sam se rendit compte qu'il avait marché sur quelque chose. Il se pencha et découvrit un étrange parchemin froissé sous sa chaussure. Il l'ouvrit et constata qu'il était écrit en hiéroglyphes, tellement effacés qu'ils étaient à peine visibles.

Cela devait forcément être un faux, ça ne pouvait pas être un vrai. S'il avait été authentique, il serait exposé dans un musée.

« Hé, les gars, » les interpella-t-il, alors que les deux se disputaient encore. « Venez voir. »

Sarah et Alex s'approchèrent à nouveau et regardèrent le parchemin froissé que Sam tenait dans ses mains.

« Qu'est-ce que c'est ? » demanda Alex. « On dirait que c'est écrit en égyptien ancien. Peux-tu le lire ? » demanda-t-il.

Sam le regarda comme s'il venait de dire la plus grande absurdité du monde.

« Vous pensez que je suis vraiment une encyclopédie ? Un dictionnaire de l'égyptien ancien ? D'accord, je sais beaucoup de choses sur l'Égypte ancienne, mais je ne sais pas encore lire les hiéroglyphes. »

« Rien du tout, même pas un peu ? »

« Très peu. Je connais la signification de certains hiéroglyphes, mais pas assez pour déchiffrer un tel objet. Quoi qu'il en soit, je pense que c'est un faux, » dit Sam.

« Comment ça, un faux ? » demanda Sarah, peu convaincue.

« En d'autres termes, un imbécile s'est amusé à rassembler une poignée de hiéroglyphes aléatoires sur un parchemin pour faire croire à des gens comme nous qu'il s'agissait en réalité d'un document vieux de 4 000 ans, » expliqua Sam.

« Je ne pense pas qu'il s'agisse d'un faux, » dit Alex en prenant le parchemin dans ses mains et en regardant les hiéroglyphes décolorés. « Je veux dire qu'il a l'air très, très vieux. Si c'était un faux, il ne serait pas aussi usé... Qu'en penses-tu, Sarah ? »

La jeune fille était restée silencieuse un moment, ne sachant pas quel parti prendre. Elle n'avait aucune idée si ce parchemin était réel ou non, et elle hésitait sur ce qu'elle devait faire. « Qu'est-ce que je peux bien savoir à ce sujet ? Peut-être devrions-nous l'apporter à un expert, non ? Comme ça, si c'est vrai, il pourra être donné à un musée égyptien et fin de l'histoire, » proposa-t-elle comme solution la plus pragmatique et naturelle.

« Sarah a raison, » acquiesça Sam. « Pour dissiper tous les doutes, nous pouvons l'emmener voir un expert qui a les outils pour dire si c'est vrai ou non. Mais je parie que c'est un faux. Je n'arriverais pas à croire que je tiens un vrai rouleau de l'Égypte ancienne, » ajouta-t-il.

« Et où trouver un expert maintenant ? » demanda Alex.

« En fait, j'en connais un... mais c'est un cinglé, » dit Sarah.

« Tu es sérieuse ? Eh bien, emmène-nous chez lui, alors ! » s'exclama Alex.

« Mais la nuit va bientôt tomber, » répondit Sarah. « Peut-être devrions-nous rentrer à l'hôtel pour ce soir. Et demain matin, nous irons voir l'expert que je connais, » proposa-t-elle raisonnablement.

« Nous ne pouvons pas garder ce parchemin sans savoir s'il est vrai ou faux, » dit Sam avec détermination. Il n'avait jamais pris une telle position auparavant, mais cette fois-ci, cela semblait être la bonne chose à faire. « Nous devons le découvrir le plus vite possible. Si nous nous dépêchons, nous serons de retour à l'hôtel avant la nuit. »

Les deux autres acceptèrent, et Sarah commença à ouvrir la voie.

Ce vieil archéologue et érudit de l'Égypte ancienne était ostracisé par toute la ville, car il avait des habitudes étranges, et certains l'avaient même vu parler à des "présences" inconnues.

Il s'appelait Sadiki. Sarah savait où il vivait car, à une époque, le vieil archéologue organisait chez lui des réunions culturelles, une sorte de "thé littéraire" pour les passionnés d'égyptologie ancienne. Sam aurait sûrement adoré ces réunions, car il semblait très intéressé par tout ce qui touchait à l'Égypte. Sarah chassa cette pensée de son esprit, se disant qu'elle se fichait éperdument de ce qu'aimaient l'un ou l'autre de ces garçons, puisqu'ils n'étaient même pas amis et qu'ils ne le seraient jamais. Cette "sortie" impromptue n'était rien d'autre qu'une contrainte, un pacte qu'elle devait respecter pour se faire pardonner par Sam le coup de poing involontaire qu'elle lui avait donné.

Elle se retourna pour les regarder et les trouva en train de rire sereinement l'un avec l'autre, plaisantant comme s'ils étaient vraiment amis. Apparemment, Alex, avec son exubérance, avait réussi à percer la carapace introvertie de Sam et à le faire sourire et se sentir à l'aise.

Sarah souffla comme si elle était ennuyée, alors qu'elle ne l'était pas vraiment. Elle les dépassa et se rendit compte qu'ils étaient enfin arrivés devant l'humble demeure de Sadiki.

« Et voilà. Après vous, » les encouragea la jeune fille, les mettant au défi d'aller frapper les premiers à la porte du vieux fou.

Sam ne se le fit pas dire deux fois et avança pour frapper du poing sur le bois de la porte.

Pendant les deux premières minutes, personne n'ouvrit. Sam se rétracta donc, hésitant.

Alors que tout le monde se résignait à repartir les mains vides, la porte s'ouvrit, révélant la silhouette d'un vieil homme avec une touffe de cheveux gris sur la tête, une robe de chambre miteuse comme seul vêtement, et une poule dans les bras. L'étrange personnage les regarda tous les trois de la tête aux pieds, les étudiant de ses yeux ahuris. Il semblait ne pas avoir vu d'êtres humains depuis des jours, voire des mois.

« Bonsoir ! », lança Alex, qui s'avança et tendit poliment la main à l'homme.

Celui-ci le regarda d'un air choqué, comme s'il n'avait pas vraiment l'habitude de serrer la main d'un étranger.
Sarah sentit qu'il était temps d'intervenir : « M. Sadiki, bonjour. Nous nous excusons d'être venus si soudainement, mais il s'agit d'une affaire importante. »
« Oh, Sarah, c'est toi ! » finit par s'exclamer le vieil homme. Sam et Alex se tournèrent l'un vers l'autre, choqués : depuis quand Sarah est-elle capable de bonnes manières, elle aussi ?

« Nous pouvons entrer ? », demanda la jeune fille en souriant affablement au vieil homme.
« Pourquoi devrais-je laisser tes deux amis entrer chez moi aussi ? » demanda Sadiki, méfiant.
« Nous ne sommes pas des amis, » répondirent en chœur Sam et Sarah, surprenant Sadiki.
Alex les regarda en roulant des yeux. À quel point ces deux-là pouvaient-ils être ridiculement fiers ?
« Nous sommes... nous sommes des "non-amis", d'accord ? » dit Sarah, satisfaite d'avoir trouvé la bonne définition.

« Alors... pourquoi diable laisserais-je entrer vos deux non-amis dans ma maison ? » plaisanta Sadiki en caressant la tête de sa poule docile.

« Parce que nous avons trouvé ceci, » dit Sam avec détermination, en sortant le parchemin et en le montrant au vieil homme.

Sadiki le lui prit des mains et l'observa pendant plusieurs minutes. « Où l'avez-vous trouvé ? » demanda-t-il au bout d'un moment, tout en continuant à étudier les hiéroglyphes effacés.

« Près des pyramides, sous le sable. Cela nous aidera-t-il ou non ? » demanda Sam.

« Entrez, » dit soudain le vieil homme en reprenant son sérieux.

Les trois garçons entrèrent dans la maison et prirent place sur les petites chaises en bois qu'ils avaient trouvées. La pièce était petite, humble et sentait un peu le renfermé, mais dans l'ensemble, ce n'était pas si mal. Contrairement à ce que pensaient Sam et Alex, Sarah n'avait aucun problème à s'asseoir sur ces tabourets humides et grinçants, même si elle avait l'habitude de s'asseoir en permanence sur de confortables fauteuils en daim.

Dès que la poule descendit des bras de Sadiki, Alex la prit dans ses bras et commença à la câliner et à jouer avec elle comme si de rien n'était. Difficile à croire, mais il n'avait jamais vu de poule vivante en douze ans, lui qui vivait en ville et avait

toujours eu la tête rivée sur les écrans. Il n'avait jamais été dans une ferme, une steppe, ou une zone rurale en général, c'est pourquoi il n'avait jamais eu l'occasion de voir des animaux comme des poulets, des cochons, des vaches ou des chevaux.
Il toucha ses plumes et constata qu'elles étaient très douces. La poule semblait également très à l'aise avec lui.
En effet, cette maison, aussi petite soit-elle, était une sorte de mini-arche de Noé : il y avait des animaux partout, dont trois ou quatre poules, deux perroquets qui voltigeaient, un hibou, et même deux caisses, l'une contenant un serpent, l'autre un scorpion.
Sam et Alex regardèrent autour d'eux avec surprise, tandis que Sarah avait déjà vu tous les animaux que Sadiki hébergeait dans sa maison.
Il n'en avait peut-être pas l'air, mais le vieil homme se souciait beaucoup de la santé de ses animaux, à tel point qu'il avait une belle réserve d'araignées et de petits rongeurs pour nourrir son serpent et son scorpion, ainsi que plusieurs bols remplis de nourriture pour ses oiseaux.

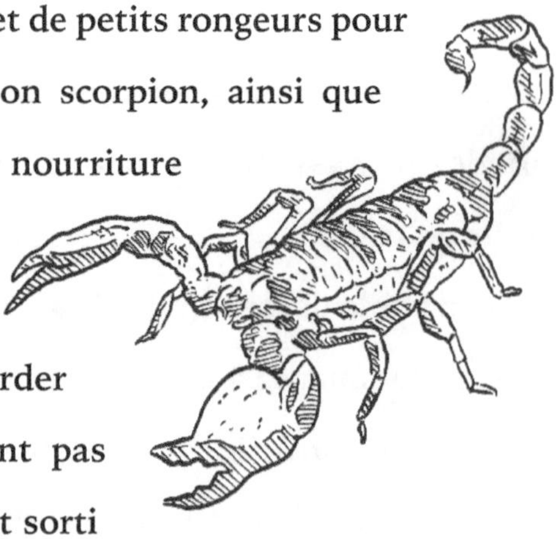

Trop occupés à regarder autour d'eux, ils n'avaient pas remarqué que Sadiki avait sorti tout le matériel nécessaire pour déchiffrer les hiéroglyphes, ainsi qu'une sorte de pupitre professionnel, équipé d'une lampe à la lumière très froide et d'une loupe. Bien qu'il ait l'air d'un fou ou d'un érudit en disgrâce, il savait ce qu'il faisait.

Sam, Sarah et Alex attendirent plusieurs minutes, le souffle coupé, en le regardant manipuler ses outils et le parchemin, jusqu'à ce qu'ils le voient écarquiller ses yeux sombres de terreur.

« Qu'est-ce qui se passe ? Qu'est-ce que ça dit ? » demanda Sarah.

« Tu as pu le déchiffrer ? » demanda Alex.

« C'est du vrai ou du faux ? » ajouta Sam.

Sadiki prit le temps de relire ce qui était manifestement écrit sur le parchemin, enleva ses lunettes rondes et se frotta les yeux comme s'il était frappé d'une fatigue infinie. Ses mains tremblèrent et ses yeux semblèrent remplis d'une horreur que les trois jeunes n'avaient jamais vue auparavant.

Lorsqu'il se tourna enfin vers eux, il prononça des mots qu'ils ne s'attendaient pas à entendre : « Voici une carte. Et l'apocalypse y est prophétisée. Elle se produira dans trois jours exactement, et vous devez l'empêcher. »

La première réaction de chacun fut d'éclater de rire.

C'était du moins la réaction immédiate de Sarah et d'Alex, tandis que Sam resta abasourdi, les yeux écarquillés, fixés dans ceux de Sadiki.

« Qu'est-ce qui est écrit sur ce parchemin ? » balbutia Sam, très sérieux, interrompant les rires de ses deux non-amis.

« Sam, tu ne crois pas vraiment ce que dit ce fou ! » se plaignit Sarah.

« Allez, les gars, on y va ! C'est certainement un faux comme tu l'as dit, Sam. Ce sont probablement des gars qui se sont amusés à écrire une prophétie de mort en utilisant une langue morte, puis à la vendre et à se faire de l'argent avec ! » dit Alex.

« Ce n'est pas un faux, » affirma Sadiki avec fermeté. « Si c'était le cas, je l'aurais remarqué immédiatement. Il y a des détails, des indications qui font qu'un expert se rend compte immédiatement si c'est vrai ou faux. Je peux vous garantir que ce parchemin est plus vrai que les pyramides elles-mêmes. »

« Qu'est-ce que ça dit ? » insista Sam, de plus en plus refroidi par la situation. Il avait un très mauvais pressentiment depuis qu'il avait pris l'avion pour l'Égypte, et maintenant ce pressentiment semblait devenir réalité.

Les cauchemars. Ces fichus cauchemars qui n'avaient cessé de le tourmenter pendant des jours. C'était aussi des prophéties.

Sadiki sembla lire dans ses pensées. Il le regarda, plissa les yeux et étudia à nouveau son visage. « Tu as des cernes violettes sous les yeux qui descendent jusqu'au sol, » dit le vieil homme en désignant les yeux du garçon. « Tu ne te sentirais pas malade, par hasard ? »

« Il a raison, j'ai cru que tu étais malade la première fois que je t'ai vu, » ajouta Sarah en observant le visage très pâle du garçon blond.

« Je ne suis pas malade, » répondit Sam. « Je suis juste très fatigué. Je n'ai pas pu dormir depuis des jours, » avoua-t-il.

« Et pourquoi ne peux-tu pas dormir ? » demanda le vieil homme, comme s'il se doutait de quelque chose.

Sam le foudroya du regard, se sentant démasqué. « Je fais des cauchemars. Toujours le même cauchemar, en fait. »

« Quel cauchemar ? » demanda Alex, de plus en plus intéressé.

« Des créatures étranges. Grandes, beaucoup plus grandes que la normale. Mais elles sont bien nées de mon esprit... »

« Quel genre de créatures ? » demanda Sadiki.

« Ce n'est pas important... »

« Dis-le ! » insista le vieil homme, le pressant de parler.

Sam se résigna. « Les extraterrestres, » admit-il dans un soupir.

« Les extraterrestres... ? »

« Des extraterrestres ?!? » s'exclamèrent Sarah et Alex, consternés par la tournure que prenait la conversation.

Sam rêvait d'extraterrestres depuis des jours, et voilà qu'ils trouvaient un parchemin prophétisant la fin du monde ? Étaient-ils par hasard à l'intérieur d'un jeu vidéo... ?

« Que te rappelles-tu de ce rêve ? » insista Sadiki en s'approchant de Sam et en le poussant à répondre.

« Pas grand-chose, » répondit le garçon en le regardant dans les yeux. « Maintenant, j'aimerais savoir ce qui est écrit sur le parchemin. Peux-tu nous le dire ? »

Sadiki s'assit à nouveau et lut le contenu du parchemin :

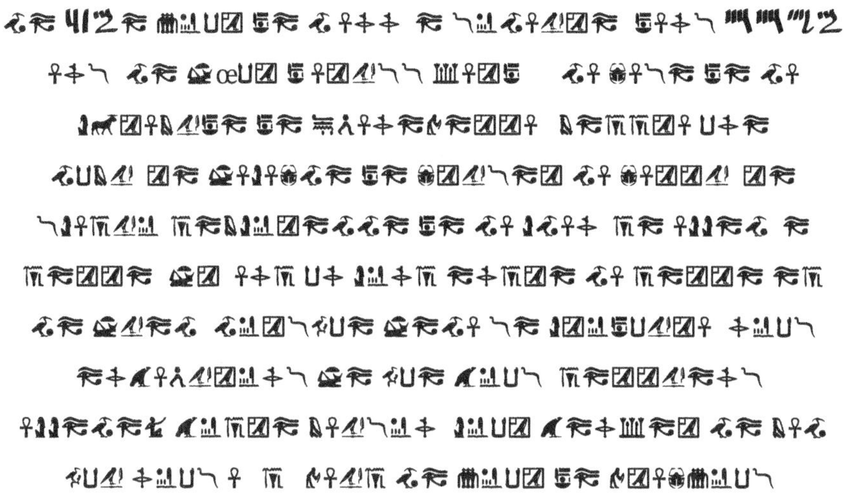

Le 216e jour de l'année solaire, dans 4496 ans, le cœur d'Ariss gardé à la base de la pyramide de Khaneferra émettra une lumière capable de briser la barrière spatio-temporelle de la planète appelée Terre, créant un pont entre la terre et le ciel. Lorsque cela se produira, nous envahirons ce que vous, Terriens, appelez votre maison, pour venger le mal qui nous a été fait le jour de Frabjous.

Quelques minutes de silence mortel s'écoulèrent.

Les roues dans la tête des trois enfants semblaient tourner si vite qu'elles fumaient.

Sadiki les observa un moment, puis se décida à parler, craignant que les trois n'aient été complètement court-circuités : « Avez-vous des questions ? »

« Que signifie "216e jour de l'année civile ?" »

« Qui est Ariss ? »

« Qu'est-ce que la pyramide de Khaneferra ? »

« Qu'est-ce que le "jour de Frabjous ?" »

Les questions de Sarah et d'Alex se chevauchèrent tandis que Sam restait muet, regardant le vieil homme.

« Tu veux répondre à leurs questions, garçon prémonitoire ? Tu as l'air d'en savoir plus qu'il n'y paraît, » proposa Sadiki en regardant Sam à son tour.

Alex et Sarah reportèrent alors leur attention sur leur non-ami, qui prit une profonde inspiration.

« Le 216e jour de l'année civile est dans trois jours : le 4 août. Je n'ai aucune idée de qui est Ariss, mais ce nom ne ressemble ni à un nom humain, ni à un nom égyptien. Il n'y a pas de pyramide de Khaneferra, du moins pas que je me souvienne de mes lectures, mais Khaneferra est le nom d'un pharaon qui a vécu il y a environ 4500 ans, je m'en souviens. Je suppose que la carte doit permettre de découvrir où se trouve cette mystérieuse pyramide, et... je suppose que le jour de Frabjous est le jour où la race humaine a commis une faute impardonnable envers... ces "créatures" non humaines qui ont ordonné la rédaction de cette prophétie, » répondit Sam en réfléchissant, la tête si confuse et pleine d'informations qu'il en avait mal au cœur.

Il se tourna vers le vieil homme et s'approcha de lui. « Comment savez-vous qu'ils parlent de cette même année 2024 ? Peut-être que c'est une année qui est déjà passée et qu'ils ne sont pas venus, que rien de ce qui est rapporté ne s'est produit. Ou alors, c'est peut-être dans quelques années... », supposa le petit blond.

« Je suis sûr qu'ils parlent de 2024, car l'année où la prophétie a été écrite est 2472 avant J.-C. Même l'usure du parchemin l'indique, » répondit le vieil homme.

« Pourquoi dis-tu que nous devons tous les trois arrêter cela ? » demanda Sam.

« Eh bien, parce que vous êtes l'élu. Vous l'êtes tous les trois. Vous avez commencé à avoir des visions de nos envahisseurs venus du ciel alors que vous veniez ici en vacances. Qu'est-ce qu'il te faut de plus comme explication ? » répondit Sadiki avec évidence. « J'aimerais moi aussi pouvoir vous aider maintenant que je sais ce qui va se passer, mais... je suis trop vieux. Je ne ferais que vous gêner, j'en suis sûr, » admit-il avec découragement. « Mais vous trois... », reprit-il en les regardant avec espoir. « Vous pouvez y arriver tous les trois. Vous avez tout ce qu'il faut pour repousser l'attaque extraterrestre ! Je vous apporterai toute l'aide possible, mais c'est à vous de le faire ! »

« C'est un vieux fou ! Ils ont raison de penser que c'est un cinglé ! » s'emporta Sarah, en colère et en plein déni. « Il parle à tort et à travers, tu t'en rends compte ? Des extraterrestres qui envahissent la Terre ? Sérieusement ?! »

« Je ne peux pas croire tout ce que vous nous avez dit, je suis désolé, » ajouta Alex, qui se leva, contrarié. « Maintenant, on ferait mieux de tous rentrer à l'hôtel : il fait nuit depuis un moment, nos parents vont nous tuer, » fit-il remarquer. « Sam, on y va ? » demanda-t-il alors, voyant que le blond était le seul à être encore assis.

Sam semblait ne pas savoir quoi faire et fixa les yeux pleins d'espoir du vieil homme, sachant que cela lui briserait le cœur. « Vous pouvez garder le parchemin. Nous rentrons à l'hôtel, » conclut-il en rejoignant ses deux non-amis et en sortant du cottage.

Tous trois rentrèrent à l'hôtel dans un silence fantomatique, conscients qu'à partir du lendemain, ils ne se reverraient plus et ne parleraient plus jamais de ce mystérieux parchemin à qui que ce soit.

CHAPITRE 3

« Hé, fils prodigue... tu vas te réveiller ? »

Alex s'éveilla avec la voix agacée de sa sœur résonnant dans ses oreilles. Cette nuit-là, il avait encore fait des cauchemars. De toute évidence, ces cauchemars avaient été provoqués par l'expérience que lui et ses non-amis avaient vécue la veille.

Des scènes de catastrophe, des incendies et des flammes, des volcans en éruption, des gens hurlant sur les cadavres de leurs proches. Une véritable apocalypse.

Alex attrapa l'oreiller et le pressa sur sa tête, espérant ne pas entendre sa sœur. Il n'avait plus besoin de penser à tout ça. Il ne devait plus penser à ce qui s'était passé. Ils s'étaient fait cette promesse avant d'entrer dans l'hôtel et de retourner à leur vie : « Vivons nos vacances comme si rien ne s'était passé. Ne nous revoyons plus. »

En fait, Alex ne comprenait pas très bien l'utilité de la dernière clause, car il n'avait aucune envie de les revoir.
À bien y réfléchir, cependant, cela avait du sens : en ne se revoyant pas, ils pourraient au moins enterrer cet après-midi maudit et prétendre ne l'avoir jamais vécu. Revoir Sarah et Sam aurait signifié se souvenir de la prophétie.

« Hé, loir ! Regarde, il faut que tu te lèves maintenant... ! As-tu oublié que tu es puni jusqu'à la fin de tes vacances ? À partir de maintenant, tu dois faire ce que disent papa et maman, sinon tu auras de sérieux problèmes. »
Non, cela, il ne l'avait pas oublié. Lorsqu'ils étaient rentrés tous les trois la nuit précédente, au petit matin, ses parents l'avaient engueulé, prêts à aller le chercher auprès des autorités locales. Cela leur avait fait peur, beaucoup.
Alex imaginait que Sam et Sarah étaient également punis comme lui. Ses parents lui avaient interdit de sortir seul et de parler à des inconnus. Ils lui avaient également confisqué son ordinateur.
Cela aurait pu être pire. Peut-être.
Alex enleva l'oreiller de son visage avec un grognement retentissant et jeta un coup d'œil à Genève, qui se tenait à côté de son lit, observant ses ongles émaillés.
« Quel est le programme d'aujourd'hui ? » lui demanda-t-il.

« Le matin, piscine, puis déjeuner au restaurant, l'après-midi, nous allons voir les pyramides et nous dînons à nouveau au restaurant. »

Alex frissonna en entendant cela. « Pi-Pyramides... ? » balbutia-t-il. « Je peux faire autre chose cet après-midi ? » la supplia-t-il presque, à tel point que Genève le regarda d'un air soupçonneux.

« Tu es en Égypte et tu ne veux pas voir les pyramides ? Qu'est-ce qu'on fait d'autre en Égypte à part voir les pyramides ? » le provoqua-t-elle, intriguée par l'étrange réaction de son frère. C'était comme si elle lui avait parlé d'un fantôme.

« J'ai déjà vu les pyramides hier, » reconnut-il.

« Avec tes nouveaux petits amis ? Comment s'appellent-ils ? »

« Je ne... » Il se figea, ne voulant pas en parler, mais il savait qu'elle avait raison. « Ce ne sont pas mes amis... » conclut-il tristement.

« Eh bien, faites comme bon vous semble. Mais sache que toi et tes petits amis vous êtes mis dans un sacré pétrin hier en rentrant tard sans prévenir, » répliqua Genève.

« Oui, je sais. Alors, est-ce que j'ai le droit de ne pas aller voir les pyramides ? »

« Quelqu'un doit rester avec toi et te surveiller pour que tu ne t'enfuies pas à nouveau, » lui fit remarquer sa sœur.

« Alors reste avec moi ! » s'exclama Alex en s'accrochant au torse de la jeune fille, toujours à moitié allongée sur son lit. « On va s'amuser à l'hôtel, allez ! Les pyramides ne t'ont jamais intéressée de toute façon ! Et puis, tu pourras toujours aller les voir dans les prochains jours, » plaida-t-il en lui faisant à nouveau les yeux doux.

Genève renifla et repoussa doucement sa tête. « D'accord, d'accord, je vais rester. Je ne pense pas m'ennuyer, car je crois que j'ai trouvé un nouvel ami, » admit-elle.
« Toi ? Tu as trouvé un nouvel ami ? Où est passée ma sœur et qu'est-ce que tu as fait d'elle ? N'étais-tu pas celle qui ne voulait pas se faire d'amis ? » demanda Alex, choqué mais intérieurement fier d'elle. Peut-être que, à sa manière, il l'avait influencée.
« Calme-toi, c'est toujours moi. Ce n'est certainement pas moi qui l'ai voulu, en tout cas. Si ça ne tenait qu'à moi, je serais restée seule, mais cette fille, cette Fie, est restée collée à moi comme une moule. Elle m'a déjà demandé d'aller à la piscine avec elle aujourd'hui, » expliqua Genève. « Elle est d'une gentillesse agaçante ! On dirait presque que c'est ta sœur, car vous avez la même attitude extravertie et exubérante, » dit-elle.
Alex répondit en riant : « Mais si tu as accepté de passer du temps avec elle, c'est qu'elle n'est pas aussi ennuyeuse que tu

veux le faire croire ! Attends... » Il se figea, réfléchissant. « Comment as-tu dit que ta nouvelle amie s'appelait ? »

« Fie. »

« Mais Fie... n'est-elle pas la sœur de Sam ? » réalisa Alex en se redressant immédiatement dans le lit, soudain beaucoup plus intéressé.

« Eh bien, oui. »

« Et comment va-t-il ? Est-ce qu'il t'a dit quelque chose ? Sais-tu si ses parents l'ont aussi puni ? » Alex se rendit compte qu'il l'avait harcelée de questions et se calma.

« Il m'a seulement dit que ses parents s'étaient mis en colère, mais je ne sais pas s'ils l'ont puni. Qu'est-ce que tu disais à l'instant, d'ailleurs ? Que "ce ne sont pas tes amis" ? Pour moi, c'est plutôt "ils ne sont pas tes amis", ça se voit à la façon dont tu t'occupes d'eux ! » commenta Genève d'un ton sarcastique. « Quoi qu'il en soit, va te laver et te changer, nous descendons prendre le petit déjeuner. »

Sarah s'était réveillée nerveuse, confuse et même en colère ce matin-là. Elle était encore ébranlée par tout ce qui s'était passé la veille avec Sadiki, Sam, et Alex, même si elle voulait éviter d'y penser à tout prix. Elle n'avait rien dit à son père à son retour, même si d'habitude elle lui racontait tout.

Il ne s'était pas mis en colère, mais lui avait simplement conseillé, d'un ton sévère, de ne plus jamais rentrer aussi tard, car il s'était vraiment inquiété. Elle s'était enfermée dans sa chambre et s'était endormie immédiatement. Contrairement au personnel de l'hôtel, elle ne dormait pas dans l'une des chambres mais préférait rentrer chez elle tous les soirs après avoir aidé son père. Après tout, leur belle maison de campagne n'était pas loin de l'hôtel.

Ce matin-là, elle s'était habillée comme d'habitude et s'était rendue à l'hôtel avec son père, prête à commencer une nouvelle journée, mais déjà de mauvaise humeur. Dans la voiture, elle n'avait pas soufflé mot, et son père semblait de plus en plus troublé par son attitude.

Elle aurait évité Sam et Alex de toutes ses forces ce jour-là et les jours suivants.

4 août. L'apocalypse était prévue pour le 4 août, exactement deux jours plus tard. Non, elle n'avait pas besoin d'y penser, elle n'avait pas besoin de songer à la gravité de Sadiki lorsqu'il avait prononcé ces mots, ni au visage ahuri et terrifié de Sam.

Son père l'encouragea à s'asseoir à l'une des tables de la belle véranda pour prendre tranquillement son petit-déjeuner. Le riche buffet était déjà prêt, bien garni et disposé sur les tables.

Cependant, son estomac était noué. Elle était tellement absorbée par ses pensées qu'elle ne remarqua pas que la véranda commençait à être de plus en plus remplie par les clients de l'hôtel. Après tout, il était 9h30, l'heure idéale pour le petit-déjeuner.

Un babel de langues différentes emplissait ses oreilles, maintenant habituées à toute cette variété.
Soudain, une voix familière lui fit dresser l'oreille et, bien qu'elle s'efforçât d'être indifférente, ses yeux sombres se tournèrent vers les nouveaux venus sur la véranda, décidés à occuper l'une des tables : Alex et sa famille s'apprêtaient à prendre leur petit déjeuner. Le jeune garçon ne semblait pas encore l'avoir remarquée, trop absorbé par les centaines de délices proposés sur le buffet. Il remplit son assiette de sucré et de salé, puis retourna à sa place et commença à manger.
Il semblait presque avoir oublié ce qui s'était passé la veille, et cette attitude rendait Sarah nerveuse. Elle savait qu'ils devaient tous oublier, mais était-il possible qu'Alex ait pris si peu de temps pour le faire ? Tout en dégustant son bagel fourré, le garçon sortit son téléphone portable du modèle le plus populaire du moment et commença à le manipuler. Mais dès qu'il leva les yeux de son smartphone, il la remarqua. Ses

grands yeux bleus s'écarquillèrent, pleins d'émotion, lorsqu'ils la virent. Aussitôt, Sarah détourna le regard.

« Je t'ai apporté des croissants à la confiture et à la crème, tes préférés. » Elle fut attirée par la voix de son père, qui revenait s'asseoir à côté d'elle, après avoir rempli sa soucoupe de bonbons.

Pour elle, il n'y avait que du sucré au petit déjeuner, toujours et pour toujours. Elle avait toujours eu un faible pour le sucré, et elle ne voulait certainement pas s'en priver, bien qu'il soit consommé de manière équilibrée.

« Merci, papa. »

« Tu sais, j'ai remarqué que tu es très silencieuse depuis hier soir, » commença-t-il à dire en prenant une bouchée d'un beignet.

« Je ne veux pas en parler, » répondit-elle.

« J'ai aussi remarqué autre chose... ce petit garçon là-bas te regarde fixement. Ce n'est pas l'un de ceux avec qui tu es sortie hier ? » lui dit-il en désignant Alex du regard.

À ce moment-là, Sarah se tourna immédiatement vers Alex et constata qu'il la regardait toujours, comme s'il n'avait rien d'autre à faire. En plus, il la regardait avec un air troublé. La jeune fille souffla, essayant de l'ignorer, mais n'y parvenant pas.

Pourquoi la regardait-il ainsi ? Voulait-il lui parler ? Voulait-il parler de ce qui s'était passé la veille ?
La situation se compliqua encore : Sam et sa famille entrèrent également par la porte de la véranda.
Les yeux de Sarah et d'Alex furent immédiatement attirés par le troisième membre de leur petit groupe.

« Je vais te chercher des œufs brouillés ! Qu'est-ce que tu veux pour les accompagner, de la viande ou des toasts à l'avocat ? J'ai bien vu qu'il y avait les deux ! » s'exclama Fie, déjà debout et salivante, prête à se jeter sur le buffet.
« En fait, j'aimerais juste un peu de café, » répondit Sam en baissant les yeux.
Cette nuit-là, il n'avait pratiquement pas dormi. Après ce qui s'était passé l'après-midi précédent, ses cauchemars prémonitoires s'étaient considérablement aggravés. Plusieurs fois dans la nuit, il s'était demandé pourquoi il s'imposait de ne pas croire ce vieil homme, de ne pas croire la prophétie, ni ses propres rêves. Le message était clair : il avait été "choisi" pour empêcher l'extermination de la race humaine, et Alex et Sarah semblaient également avoir un rôle à jouer. Tous les trois avaient été choisis.
Mais pourquoi eux ? Pourquoi des garçons de 12 ans ?

Ce sont des questions auxquelles il ne pouvait pas répondre, et le pire, c'est que le temps passait beaucoup trop vite : l'apocalypse devait avoir lieu dans deux jours, si les calculs du vieil homme étaient exacts. En outre, Sarah et Alex ne voulaient pas croire à cette histoire. Ils étaient tous les deux dans le déni total, et peut-être que Sam lui-même l'était aussi. Il ne le savait pas.
« Tu es sûr de ne rien vouloir manger ? » lui demanda sa mère d'un ton inquiet, le tirant de ses pensées. « Je te rappelle qu'hier, tu t'es évanoui par manque de sucre. »
« Non, maman, je ne me suis pas évanoui par manque de sucre, mais parce qu'un capillaire s'est rompu dans mon nez et que j'ai perdu trop de sang, » précisa-t-il avec lassitude, en ouvrant l'un des livres sur l'Égypte ancienne qu'il avait apportés avec lui et en reprenant la lecture pour la sixième fois. Il s'agissait d'un essai sur l'Empire du Milieu.

Pourtant, son esprit n'arrivait même pas à se concentrer sur la lecture, alors qu'il relisait dix fois la même phrase, avant d'être distrait par la voix exubérante de sa sœur, qui semblait avoir rencontré et salué quelqu'un qu'elle connaissait à la table du buffet. Il leva ses yeux verts du livre et les fixa sur la silhouette de Fie, à distance : sa sœur conversait aimablement avec la

nouvelle amie qu'elle lui avait mentionnée, tout en remplissant sa propre soucoupe et la sienne d'aliments salés variés.
Il observa la jeune fille en question, aux cheveux rouge carotte, aux taches de rousseur, et aux yeux bleus. Elle ressemblait remarquablement à quelqu'un...
Lorsqu'il s'en rendit compte, les yeux de Sam s'écarquillèrent. Il comprit alors qu'Alex devait également se trouver sur la véranda au même moment, en train de prendre son petit-déjeuner.
Il regarda autour de lui et, comme il l'imaginait, aperçut à la fois Alex, qui l'observait depuis un moment, et Sarah, assise à une table à l'écart des deux, elle aussi jetant des regards de temps en temps dans leur direction. Au moins, elle s'efforçait de ne pas le laisser paraître (sans y parvenir), tandis qu'Alex ne faisait rien pour cacher son désir de leur parler à tous les deux.

En particulier, les yeux des deux étaient braqués sur lui, réalisa Sam, comme s'ils s'attendaient à ce qu'il fasse quelque chose ou qu'il réagisse. Peut-être parce qu'il était le seul qui semblait croire aux paroles du vieil homme ?
Quoi qu'il en soit, tous trois firent comme si de rien n'était, prirent leur petit-déjeuner en paix et se dirigèrent vers leurs

activités quotidiennes. La première journée s'écoula ainsi, dans un calme relatif.

Le lendemain, cependant, la contrariété des trois garçons ne semblait pas avoir diminué ; en fait, elle s'était même aggravée. Ils avaient essayé tous les moyens possibles et imaginables pour se divertir : Alex s'était jeté sur la technologie, ses codes, ses jeux vidéo et ses séries télévisées adorées ; Sarah avait aidé son père à gérer tous les clients, même les plus problématiques, s'accordant toujours la détente nécessaire grâce à quelques saunas et un voyage au spa ; tandis que Sam s'était plongé dans ses livres, comme il le faisait toujours, alternant la lecture avec quelques voyages à la piscine, sous l'insistance de sa sœur.

Pourtant, rien n'y fit. Nous étions le 3 août, littéralement un jour avant l'apocalypse fantôme, et les cauchemars des trois n'avaient pas diminué.

Chaque fois qu'ils croisaient leur regard, que ce soit à la piscine, au restaurant, ou dans le hall d'entrée, ils ne pouvaient s'empêcher de se jeter des coups d'œil inquiets et contradictoires.

De plus, ils ne pouvaient s'empêcher de profiter de ces heures précieuses avec leurs familles, craignant que ce soit les dernières. Ils regardaient leurs familles, leurs proches, et imaginaient ce qui pourrait arriver si jamais l'apocalypse se réalisait.

Sam, en particulier, sentait peser sur lui un poids non négligeable : il savait que s'il ne prenait pas l'initiative, les deux autres ne se décideraient jamais à prendre les choses en main.

En cette fin d'après-midi du 3 août, il venait de prendre une douche et d'enfiler des vêtements propres, après avoir passé la journée à lire à la piscine. Il s'assit sur le lit en soupirant, tamponnant ses cheveux humides, plongé dans ses pensées.

« Hey, face-triste ? » le murmure de Fie lui caressa doucement les oreilles. La jeune fille se tenait dans l'embrasure de la porte de sa chambre, l'observant avec son habituel sourire, cette fois-ci un peu contrarié.

« Entre, » dit Sam en la voyant. Elle vint s'asseoir à côté de lui sur le lit. « Fie, je ne sais pas quoi faire, » lui avoua-t-il. « Je suis terrifié à l'idée de faire une erreur, je ne sais plus quoi faire. »

« Je ne te demanderai pas de me dire ce qui s'est passé, parce que je ne veux pas être intrusive, et je sais que tu détestes ça, » lui dit-elle. « Mais je te vois bouleversé depuis quelques jours, et je ne peux pas t'aider si tu ne me dis pas ce que tu ressens. Parle-moi, Sammy, je t'écoute. »

Sam lui fit le sourire qu'il ne réservait qu'à elle, sincère et fragile, alors qu'il essayait de réorganiser ses pensées pour expliquer : « Il y a quelque chose d'important que je dois faire avec Alex et Sarah. C'est peut-être la chose la plus importante que nous ferons de toute notre vie. Mais j'ai peur, nous avons tous peur de l'échec. J'ai l'impression d'être, en quelque sorte, leur guide, alors je me sens obligé de les approcher et de leur parler. Mais j'ai peur de ne pas pouvoir les guider, de ne pas pouvoir mener à bien la tâche qui m'est confiée, de les conduire à l'échec, » conclut-il.

Fie lui sourit maternellement en lui ébouriffant les cheveux. « Nous avons tous peur, petit frère. Il est normal d'avoir peur, même pour les leaders nés. »

« Je ne suis pas un leader né, » souligna-t-il.

« Tu penses que tu ne l'es pas, mais en fait, tu l'es. Je le sais, je te connais et je le vois, parce que je suis ta sœur. Ta timidité n'est pas un obstacle, Sammy, car malgré tout, les gens comptent toujours sur toi, quoi qu'il arrive. Tu l'as déjà remarqué ? À l'école, ils te demandent toujours de les aider à faire leurs devoirs et à étudier, tout comme à ton cours d'athlétisme. Tout le monde attend beaucoup de toi, parce que tu es bon, tu as du talent, et tu es si intelligent que tu fais tout avec facilité. Tu es également mature. Et cette maturité inspire confiance aux autres. Pourquoi crois-tu que Sarah et Alex attendent tant de ton signal ? » lui dit-elle en souriant.

« Les gars, » les deux furent interrompus par la voix d'Alex : le jeune garçon se tenait derrière eux, lui aussi nouvellement arrivé dans le jardin. Il les regarda, l'un puis l'autre, choqué.
« Bonjour à toi aussi, Alex. En fait, je suis venu ici pour te parler, » avoua Sam, maintenant qu'ils étaient tous réunis. Les deux le regardaient avec impatience. « Ne nous mentons pas, les gars : si le monde devait vraiment s'arrêter demain, nous nous sentirions terriblement coupables de ne pas avoir essayé de l'empêcher. Si nous allons à la pyramide demain et que nous découvrons que rien n'est vrai, au mieux, nous aurons fait une erreur et nous rentrerons à l'hôtel le cœur plus léger, profitant du reste de nos vacances ensemble. Mais il faut quand même aller vérifier, parce que si tout est vrai — mes cauchemars, le parchemin, les paroles de Sadiki... si tout est vrai, alors il faut agir, » dit Sam avec fermeté. « Je sais que je peux compter sur vous. Je le sais à la façon dont vos yeux sont aussi troublés que les miens. Vous croyez aussi ce que Sadiki nous a dit, j'en suis sûr. Sans vous, je n'y arriverais pas, » conclut-il, espérant que les deux ne se fâcheraient pas ou, pire, n'éclateraient pas de rire au nez.
Mais toutes ses craintes furent chassées lorsqu'il vit les yeux brillants d'Alex le regarder avec bonheur. « Je n'ai pas pu me retenir plus longtemps, les gars... me retenir de vous parler, et de vous dire tout ce que nous avons vu et entendu ensemble...

c'est un tel soulagement de t'entendre dire ça, Sam, tu ne sais pas à quel point, » lui dit-il en le serrant fort dans ses bras, le laissant sans voix pendant un moment.

Sarah les regarda s'embrasser et soupira, mais sans l'ombre d'une provocation ou d'une insolence dans son regard. Au contraire, elle était sérieuse et visiblement réconfortée. « J'avais peur d'être la seule à ressentir cela. De vous manquer et de ressentir le besoin de faire quelque chose pour éviter que le monde ne soit envahi. Mais j'ai vu que vous me regardiez aussi comme si vous vouliez me parler, et... j'attendais juste que vous arriviez ! » avoua-t-elle en se levant de sa chaise et en se lançant à son tour dans une accolade. « Vous m'avez manqué ! »

Ils rirent tous les trois, se serrant l'un contre l'autre comme s'ils se connaissaient depuis toujours. « Eh bien, je dirais que nous pouvons dire sans risque que nous sommes des amis à part entière, n'est-ce pas ? » demanda Alex en guise de confirmation. « Il n'y a plus de non-amis. »

« Plus de non-amis, » approuvèrent en chœur les deux autres.

« Alors, quel est le plan, Sam ? Comment on s'y prend ? » demanda Sarah, pragmatique.

« Essayons d'abord d'en parler à nos parents. Je sais que vous avez peur d'être pris pour des imbéciles, mais il faut essayer, » suggéra le blond.

« Il a raison : si nos parents nous croient, ils iront voir les autorités, » acquiesça Alex.
« Oui, il est peu probable que la police croie trois enfants de 12 ans qui disent que l'apocalypse arrive, mais si ce sont nos parents qui le disent... alors nous pouvons avoir de l'espoir, » ajouta Sarah.
« Et si nos parents ne nous croient pas ? » demanda Alex.
« Eh bien... à ce moment-là, nous agirons seuls. Demain matin à l'aube, nous nous retrouverons tous dans le hall, comme la dernière fois. Mais cette fois-ci, venez mieux équipés : apportez des torches, des cordes, de la nourriture, de l'eau, un canif et d'autres outils utiles auxquels vous pouvez penser. Nous partirons à l'aube, atteindrons la demeure de Sadiki, reprendrons le parchemin et suivrons la carte jusqu'à la pyramide de Khaneferra. Si personne ne nous croit, nous le ferons nous-mêmes. Vous êtes partants ? » conclut Sam en les regardant avec détermination.
Les deux autres hochèrent la tête avec détermination.

Comme convenu, Alex, Sarah et Sam essayèrent de parler à leurs parents de la prophétie sur le parchemin ce soir-là, une fois rentrés dans leur chambre. Cependant, aucun membre de leur famille ne crut les paroles des trois garçons, pensant plutôt qu'il s'agissait d'une histoire montée de toutes pièces pour attirer l'attention. Sam et Alex espéraient pouvoir au moins convaincre leurs sœurs : tous deux étaient persuadés que Fie et Genève croiraient certainement à leurs paroles. Pourtant, ils ne réussirent même pas à les voir ce soir-là, car les deux filles avaient assisté à une autre fête avec les animateurs de l'hôtel et étaient rentrées dans leur chambre tard dans la nuit.

Ils devraient tout faire seuls. L'idée les effrayait, bien sûr, mais la certitude d'avoir leurs amis à leurs côtés leur donnait confiance et espoir.

Comme convenu, le lendemain à l'aube, ils se retrouvèrent dans le hall de l'hôtel, bien préparés, sac au dos. Ils se regardèrent, cherchant à se confirmer mutuellement, et lorsqu'ils trouvèrent la même ténacité et la même détermination dans les yeux de chacun, ils se mirent en route.

CHAPITRE 4

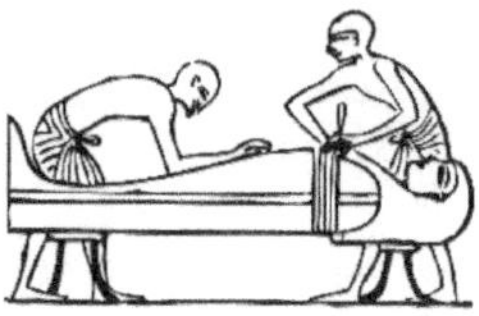

Après avoir récupéré le parchemin et suivi attentivement la carte, marchant pendant quatre bonnes heures, ils arrivèrent enfin à destination : la pyramide de Khaneferra. Sam, Sarah et Alex restèrent stupéfaits devant la grandeur de la pyramide. Alors qu'ils la contemplaient avec émerveillement, un puissant faisceau de lumière commença à rayonner du sommet, si fort qu'il faisait mal aux yeux, se dirigeant vers le ciel sans nuage.

« C'est quoi cette lumière aveuglante ? » demanda Sarah en se couvrant les yeux.

« Je n'ai jamais vu une chose pareille... » murmura Alex, abasourdi.

« Nous devons nous dépêcher, » les exhorta Sam, qui se dirigeait déjà vers l'entrée souterraine de la pyramide.

Une fois dans le donjon, comme l'indiquait la carte, les trois se retrouvèrent devant une porte verrouillée. Cette porte semblait être scellée par un mécanisme technologique complexe et très avancé.

« Comment est-il possible que les anciens Égyptiens aient pu mettre au point un système de défense aussi technologique ? » demanda Sarah en approchant son visage de l'écran tactile qui émettait une sorte d'ondes électromagnétiques bleues.

« Ce ne sont pas les anciens Égyptiens... c'est l'œuvre de la race extraterrestre qui veut nous envahir, » réalisa Alex, en s'approchant à son tour du système très avancé.

Sam s'approcha de lui. Il l'avait vu à plusieurs reprises bricoler son smartphone dernier cri comme un hacker. Il se doutait qu'Alex en connaissait le potentiel. « Tu peux le déverrouiller ? » lui demanda le petit blond, plein d'espoir.

« Leur technologie est différente de la nôtre... mais je peux essayer, » dit le rouquin avec conviction, se plaçant devant l'écran et retroussant ses manches.

Le garçon commença à taper rapidement quelques codes, essayant et essayant encore.

Sarah et Sam regardaient la scène avec anxiété et confiance.

Après d'interminables tentatives, alors qu'Alex était sur le point de perdre espoir, un code complexe qu'il avait tapé permit d'infiltrer le système et de le déverrouiller. L'écran se désintégra, et à sa place apparut une silhouette humaine dans le sable.

Les trois restèrent immobiles tandis que la silhouette se dressait dans toute sa grandeur : elle mesurait au moins trois mètres de haut, son corps était élancé et tranchant. Elle portait des vêtements classiques de l'ancienne Égypte, ses yeux allongés étaient maquillés de noir, ses cheveux noirs, longs et raides, et ses traits étaient androgynes. En l'observant, ils ne purent dire s'il s'agissait d'un homme ou d'une femme, mais ils remarquèrent qu'elle avait des traits félins, animaliers, comme un museau allongé, un nez noir retroussé, des iris hypnotiques traversés par une ligne noire verticale, des doigts palmés, et bien d'autres caractéristiques encore. Sam se rendit compte qu'elle ressemblait beaucoup à l'un des célèbres dieux égyptiens représentés sur d'anciennes tablettes.

La créature, la main crispée sur son très long sceptre, abaissa son regard félin sur les trois enfants pétrifiés devant elle.
«Je vous félicite. Vous avez réussi à contourner le système de défense

complexe et extrêmement avancé conçu par les extraterrestres, » dit-elle d'une voix autoritaire et solennelle. « Ce système a été créé pour être infaillible, c'est pourquoi il s'est autodétruit lorsque vous l'avez contourné, » ajouta-t-elle.

« Mais si, une fois contourné, tu es apparu, alors cela signifie qu'ils avaient déjà prévu la possibilité qu'un humain parvienne à s'infiltrer dans le système, » répondit Sam, sans crainte, s'attirant un regard narquois de la part de la créature. « Tu es un dieu égyptien, n'est-ce pas ? » continua le blond.

« Une divinité mineure, oui. J'ai été placé ici comme sentinelle de la porte sacrée de la salle du Jugement, » répondit-elle.

« La salle du Jugement... ? » demanda Sarah.

« Samuel, Sarah, et Alexandre, » dit soudainement la sentinelle, les surprenant tous les trois.

« Comment connais-tu nos noms ? » demanda Alex, stupéfait.

« Je sais tout. Mes yeux ont des pouvoirs divins qui me permettent de voir à travers vous, de savoir qui vous êtes et ce que vous êtes. Je connais tout de vous : Alexandre, le génie technologique ; Sarah, la riche fille rusée et pragmatique ; et enfin Samuel, l'infatigable érudit, le chef du groupe, » conclut la sentinelle en les regardant l'un après l'autre, ricanant avec provocation. « Puisque vous avez été assez bons pour contourner le système et le détruire, je vous laisse une chance, humains : vous ne pourrez entrer dans la salle du Jugement, qui contient la cause et l'origine du portail reliant la Terre et le Cosmos, que si vous répondez correctement à toutes mes questions. »

« Qu'est-ce que tu es, une sentinelle de l'énigme ? » demanda Sarah, déconcertée, pas du tout inquiète de manquer de respect à cette stupide divinité.

« J'ai le pouvoir de vous réduire en cendres en un clin d'œil, humains, » dit-il d'un ton menaçant. « C'est pourquoi je vous conseille de ne pas trop insister. »

« La cause et l'origine du portail qui relie la Terre et le Cosmos, » réfléchit Alex à haute voix. « Dans la salle du jugement se trouve donc le portail de l'autre monde par lequel les extraterrestres arriveront sur Terre et nous envahiront aujourd'hui, » s'inquiéta-t-il.

« Exactement, » confirma la sentinelle.

« C'est donc de là que vient la lumière aveuglante qui brise le ciel en deux ? » demanda Sarah.

« C'est exact, » assura à nouveau la divinité. « Il va falloir se dépêcher, car l'horloge tourne : au fil des minutes, le faisceau de lumière va devenir de plus en plus puissant et lumineux, jusqu'à ouvrir complètement le portail ! » s'écria-t-elle méchamment.

« Pourquoi nous aiderais-tu à entrer là-dedans ? Tu sais que nous sommes prêts à tout pour fermer le portail et sauver la race humaine, n'est-ce pas ? N'as-tu pas été placé en sentinelle à la Porte sacrée par les extraterrestres précisément pour empêcher les humains de ruiner leurs plans de domination ? » demanda Sam, l'air renfrogné.

La divinité répondit par un sourire diabolique. « Je ne suis qu'une pierre réveillée des sables, représentant le dieu, et oui, j'ai été placé en sentinelle pour empêcher le passage de tout être humain qui aurait réussi à arriver jusqu'ici, » répondit-elle. « Il est pour le moins évident pour moi que vous ne passerez pas, bande d'enfants stupides : vous ne pourrez jamais, au grand jamais, répondre à toutes mes questions. Je veux juste m'amuser un peu. »

« Nous sommes prêts. Quelles questions veux-tu nous poser ? » demanda Alex.

À cela, la sentinelle toucha son menton allongé avec son doigt palmaire, dans un geste d'indécision. « Voyons voir... la culture générale, » dit-elle.

« Comment connais-tu notre culture générale, toi qui es un ancien démon égyptien ? » demanda Sarah d'un ton contrit.

« Dieu ! Je suis un dieu, pas un démon ! Et puis, je vous l'ai dit, bande d'imbéciles, je sais tout. Je suis omniscient. Je connais donc aussi votre culture idiote, » répondit-il, les bras massifs croisés dans un geste agacé.

« Mais d'abord, je veux faire un pacte avec toi, sentinelle, » dit Sam.

« Quel genre d'accord ? »

Sam, qui a beaucoup étudié l'histoire des anciennes divinités, savait bien que lorsque les divinités concluent un pacte, ce pacte est éternel. Il ne peut en aucun cas être rompu, pas même par la magie.

« Je veux que vous nous donniez votre parole : si nous répondons à toutes vos questions, comme vous l'avez dit... vous nous laisserez passer, » proposa le petit blond en la défiant du regard, sans crainte.

« Oui, oui, d'accord ! Vous avez ma parole ! » dit la sentinelle d'un air ennuyé.

« Et si on scellait l'affaire ? » proposa Sam en tendant son petit doigt vers le haut. À ce moment-là, la sentinelle étendit son bras à son tour et entrelaça son très long auriculaire avec celui de Sam. Un signe blanc, comme un anneau magique, apparut autour de leurs auriculaires respectifs, témoignant de leur promesse.

« Maintenant, nous commençons, » dit la divinité. « Première question : qu'est-ce que l'Arthropleura et combien de temps a-t-elle existé ? »

« Arthropleura est un genre de mille-pattes préhistorique qui vivait il y a environ 336 à 290 millions d'années. Il mesurait

entre deux et trois mètres de long, » répondit immédiatement Alex, ce qui fit que les deux autres se retournèrent pour le regarder, surpris.
« Quoi ? » demanda le garçon comme si de rien n'était. « J'ai joué à un jeu vidéo où nous devions nous faire passer pour des animaux préhistoriques, » expliqua-t-il nonchalamment en souriant, ce qui rendit la sentinelle très nerveuse.
« Deuxième question : combien de filles la reine Victoria du Royaume-Uni a-t-elle eues ? »
Sarah y réfléchit. Elle savait qu'il fallait faire très attention aux termes utilisés, car la sentinelle n'avait demandé que le nombre de "filles", et non pas tous ses enfants en entier.
« Ma tante a dit un jour : "La reine Victoria avait tellement de filles qu'elle pourrait organiser un petit défilé de mode," » expliqua Sarah en raisonnant à haute voix. « Je sais exactement combien de mannequins il faut pour un défilé de mode. Quinze mannequins au moins. Un 'petit défilé' signifie qu'elle avait probablement moins de la moitié de quinze filles. Et comme, si je ne me trompe pas, la reine a eu neuf enfants au total... cinq filles ? Aurait-elle eu cinq filles par hasard ? » tenta Sarah, jouant le tout pour le tout.
Son intuition fut récompensée car, avec un regard encore plus méprisant qu'auparavant, la sentinelle dit : « Correct. » Puis il enchaîna rapidement : « Troisième question : quel est le nom

de la déesse qui est tombée amoureuse de Narcisse et quelle est son histoire ? »
Sam jeta un regard noir à la sentinelle et lui répondit aussitôt : « Vous trichez : ce n'est pas une déesse qui est tombée amoureuse de Narcisse, mais une nymphe : Echo. Echo était une nymphe qui vivait dans les bois. Zeus profitait toujours de la capacité de la nymphe à raconter de belles histoires pour distraire sa femme Héra, afin de s'évader et de rencontrer ses maîtresses. Mais un jour, Héra s'est rendu compte de la supercherie et a puni Echo en la maudissant : depuis lors, elle ne pouvait plus prononcer que la dernière syllabe des mots de celui qui lui parlait, » conclut fièrement Sam. « Personne ne t'a jamais dit qu'il ne fallait pas jouer de façon déloyale ? »

Cette divinité pensait qu'il n'était qu'un expert en mythologie égyptienne, mais elle se trompait lourdement. Sam connaissait les mythologies d'un grand nombre de cultures différentes et éloignées, car il lisait beaucoup, non seulement des livres sur l'Égypte ancienne, mais aussi sur tout.
Réalisant qu'elle ne pouvait plus se permettre de tricher, car ces garçons l'auraient démasquée, la sentinelle poursuivit les énigmes en jouant franc jeu. Elle persista jusqu'à atteindre vingt énigmes, toutes devinées par chacun des trois garçons, beaucoup plus intelligents et rusés qu'elle ne l'aurait cru.

L'intuition de Sarah était hors norme ; son instinct, sa bonne mémoire et sa ruse lui donnaient un avantage énorme dans ce genre de jeu. Alex, quant à lui, était un génie non seulement de la technologie, de la robotique et des réseaux sociaux, mais aussi du codage, des mathématiques, et il était même un téléspectateur assidu de nombreuses séries télévisées. Sans parler de Sam qui, grâce à son immense richesse de lecture et de connaissances en tout genre, non seulement sur l'Égypte ancienne, mais aussi sur toutes les cultures du passé, en devina presque toutes les réponses.

« C'est assez ! Vous ne pouvez pas les avoir toutes devinées ! »

« Et c'est bien possible, démon, » répondit Sarah en posant ses mains sur ses hanches, avec la ferme intention de la mettre encore plus en colère.

« Dieu ! Je suis un dieu ! » cria puissamment la divinité, dans le but de les effrayer et de les faire fuir. Mais les trois se tenaient devant elle, courageux et imperturbables. La sentinelle décida alors une fois pour toutes de les détruire avec son pouvoir, mais juste avant, Sam prit la parole : « Nous avons fait un pacte, tu te souviens ? Scellé avec nos petits doigts, » lui rappela-t-il en levant la main. Son petit doigt était toujours entouré de l'anneau blanc, tout comme celui de la divinité. La déesse, folle de rage, tenta de lever la main vers les trois jeunes garçons, dans l'intention de les frapper, mais au moment où elle le fit, l'anneau blanc de son auriculaire brûla, lui causant une vilaine cicatrice, de plus en plus douloureuse. La sentinelle retira sa main et cria de douleur.

Elle ne pouvait pas rompre le pacte. Elle était tenue pour l'éternité de respecter sa parole. Avec un grognement vaincu, elle s'écarta et ouvrit la Porte Sacrée qui les mènerait dans la Chambre du Jugement.

Ravis de leur exploit et d'avoir triomphé en unissant leurs forces, les trois garçons se mirent à courir vers la salle au-delà de la porte. Mais juste avant de l'atteindre, ils entendirent la voix diabolique de la sentinelle : «Je vous ai promis de vous faire passer... mais je ne vous ai pas promis de vous faire passer en toute sécurité,» cria-t-elle de sa voix terrifiante, en riant méchamment. En disant cela, elle fit descendre le sol avec sa puissance divine, formant un gouffre profond autour des trois garçons. Sam, Sarah et Alex s'agrippèrent l'un à l'autre pour garder l'équilibre sur le seul morceau de terre qui restait intact. Autour d'eux, c'était le vide. La salle du Jugement, d'où émanait cette lumière aveuglante, n'était qu'à quelques mètres d'eux, mais ils ne pouvaient pas l'atteindre.

La lucidité et la rapidité d'esprit de Sarah l'emportèrent alors : « Les gars, on a encore nos sacs à dos avec nous ! Attrapez les cordes, mais attention à ne pas tomber, » leur dit-elle fermement et calmement, tout en se déplaçant à son tour.

Sam et Alex obéirent et, lorsqu'ils eurent tous les cordes épaisses et longues qu'ils avaient apportées avec eux, Sarah regarda Sam. « Quand nous avons fait notre excursion la première fois, tu as dit que tu faisais de l'athlétisme, n'est-ce pas ? »

« Oui, pourquoi ? »

Alex comprit alors ce que Sarah lui proposait : « Elle veut que tu sautes ! » dit-il. « En athlétisme, tu fais aussi du saut en hauteur et du saut en longueur, n'est-ce pas ? »

Sam écarquilla les yeux, regardant d'abord l'un puis l'autre. « Vous n'êtes pas sérieux... Je ne peux pas sauter aussi loin ! »

« Si tu ne le fais pas, nous serons tous les trois piégés ici jusqu'à ce que les extraterrestres arrivent et que le monde soit détruit, » s'exclama Sarah en le regardant avec confiance. « Saute jusqu'au bord, puis on tirera les cordes et tu nous emmèneras de l'autre côté, l'un après l'autre. Il faut faire vite car le rayon devient de plus en plus puissant ! » ajouta la petite fille.

« Et si je n'y arrive pas ? Et si je tombe dans le vide ? Si je tombais, vous seriez tous les deux condamnés, » dit Sam, plein de doutes et d'inquiétude.
« Sam, on a besoin de tes jambes. Maintenant. Nous avons confiance en toi. Tu vas y arriver, » ce dernier encouragement d'Alex fut le coup de pouce dont il avait besoin pour se décider à sauter.

Sam prit une profonde inspiration, ferma les yeux et se concentra sur son corps, comme il le faisait toujours lorsqu'il devait sauter.
Ce fut un instant. Ses jambes prirent leur impulsion et il sauta aussi loin qu'il le put, atteignant à peine le bord du sol surplombant la Salle du Jugement. Les deux autres hurlèrent de joie et de fierté.
Comme convenu, ils lancèrent les cordes, une par une, et Sam les tira vers le haut, patiemment et avec ténacité.
Une fois tous les trois arrivés de l'autre côté, Sam, Sarah et Alex posèrent leurs yeux sur l'immense faisceau de lumière qui envahissait la pièce, mais les refermèrent aussitôt, douloureusement aveuglés par ce blanc intense. Dès lors, ils ne savaient plus quoi faire.

CHAPITRE 5

Sam, Alex et Sarah s'approchèrent du puissant faisceau de lumière provenant d'une source spécifique au milieu de la pièce, en gardant les yeux fermés. Ils craignaient d'être aveuglés à vie s'ils les ouvraient. Ils se tenaient par la main pour se donner un point de repère et avancèrent ensemble jusqu'à ce qu'ils atteignent le centre de la pièce, d'où rayonnait le faisceau global, qui émettait également de la chaleur.

Les trois garçons tendirent ensemble une main et la posèrent sur ce qu'ils réalisèrent être une châsse, à l'intérieur de laquelle se trouvait quelque chose de très puissant : un cœur aussi brillant que la lumière qu'il irradiait.
À partir de ce moment, ils furent entraînés dans une sorte de flash-back, qui se déroulait près de 4496 ans plus tôt :

Leur planète, Leviathan, avait été détruite, envahie par une race extraterrestre bien plus puissante qu'eux. Ces envahisseurs disposaient d'armes plus perfectionnées, d'une intelligence supérieure à la norme et avaient atteint un degré de progrès plus élevé que celui des Léviathans. Ils n'ont jamais su comment s'appelait cette monstrueuse race d'envahisseurs, ni la planète d'où ils venaient.

Ce jour-là, le jour du massacre, ils envahirent le Léviathan à l'aube, sans prévenir, exterminant hommes, femmes, enfants et presque toutes les lignées de dirigeants qui gouvernaient la planète. Les Léviathans survivants se retrouvèrent soudain sans abri, sans destination, dépouillés de tous leurs biens et mourants. Leur seule chance était d'utiliser leurs dernières ressources pour atteindre une autre planète, une planète prospère où ils pourraient reconstruire leur vie et oublier le passé. Mais il n'y avait qu'un seul moyen d'entreprendre un tel voyage spatio-temporel à travers l'univers sans encombre : un sacrifice devait être fait. Le cœur d'un des Léviathans, plus brillant que le soleil lui-même, était la seule clé permettant d'ouvrir un passage.

Les quelques survivants firent donc le choix le plus difficile de leur vie. Ils atteignirent l'une de leurs hautes pyramides, l'une des rares à ne pas être encore occupée par les extraterrestres, car le passage ne pouvait être ouvert qu'à l'intérieur d'une pyramide. La forme triangulaire avec la pointe orientée vers le ciel avait une valeur sacrée pour leurs dieux, permettant à la lumière du cœur de rayonner dans la bonne direction, vers le ciel, sans se disperser. C'était aussi un moyen d'aveugler quiconque s'approchait. Les Léviathans savaient que si le portail fonctionnait, il les mènerait sûrement sur une planète où il y avait des pyramides semblables aux leurs. Si le processus échouait, ils seraient condamnés à errer sans fin dans l'univers.

Les Léviathans mesuraient environ quatre mètres de haut, du moins les hommes adultes qui avaient atteint le sommet de leur maturité, tandis que les femmes atteignaient au maximum trois mètres et demi, et les enfants, deux mètres. Leurs corps étaient minces, toniques, et secs. Les femmes n'avaient pas de courbes ; elles étaient anguleuses comme les hommes, presque androgynes. Les couleurs de leur peau, de leurs yeux et de leurs cheveux étaient éblouissantes, presque aveuglantes pour tout être terrestre : leur peau pouvait être soit argentée, soit ivoire, soit d'un blanc laiteux. Leurs cheveux épais étaient généralement de plusieurs nuances de bleu ou de blanc, tandis que leurs yeux, grands et vifs, pouvaient varier de l'or à l'argent en passant par le vert. Chacune de ces couleurs était si vive qu'elle dégageait une lumière semblable à celle des néons, parfois phosphorescente. Lorsqu'un Léviathan meurt, ses cheveux et ses yeux deviennent noirs.

Le seul prince léviathan survivant proposa de se sacrifier, d'utiliser son cœur pour permettre aux quelques survivants d'ouvrir le portail et de se sauver. Il s'appelait Eiveen et était le plus jeune des enfants mâles du roi Helraisen. La race extraterrestre avait tué le roi et la reine, ainsi que tous ses frères et sœurs, à l'exception de la plus jeune de la lignée, la petite princesse Ariss. Les années des Léviathans s'écoulaient différemment : ils étaient considérés comme des enfants jusqu'à 300 ans, comme des adultes de 300 à 2000 ans, et comme des vieillards de 2000 à 3000 ans.

Mais lorsque le prince se porta volontaire, ses sujets survivants lui dirent qu'il ne pouvait pas être celui qui se donnerait la mort, puisqu'il était leur souverain et qu'il avait la tâche de les guider jusqu'à la planète où ils atterriraient. À cela, un autre Léviathan, l'un de ses fidèles serviteurs, se sacrifia à sa place et donna son cœur pour permettre l'ouverture du portail.

Les larmes aux yeux face à ce sacrifice nécessaire, le prince Eiveen plaça le cœur au centre de la pyramide, juste avant que les envahisseurs n'y pénètrent à leur tour. Le cœur libéra un faisceau de lumière aveuglant qui permit aux Léviathans d'atteindre la planète Terre.

Les Léviathans ne connaissaient pas cette planète, qui faisait partie du système solaire, et apparemment les Terriens ne connaissaient pas non plus les Léviathans. Le problème, c'était que les Terriens ne croyaient même pas à l'existence de races extraterrestres en général. Ce fut donc un choc pour eux de voir apparaître ces géants luminescents sous leurs yeux. Les Léviathans découvrirent qu'ils se trouvaient dans une région de la Terre appelée "Égypte", le seul endroit où il y avait des pyramides semblables à celles qu'ils avaient sur Leviathan. Ils s'aperçurent également que la culture des Égyptiens ressemblait beaucoup à la leur : leurs vêtements étaient presque identiques, à ceci près que ceux des Léviathans étaient clairs et luminescents. Il en allait de même pour les pyramides, ainsi que pour la langue et le système de gouvernement. Les pharaons d'Égypte correspondaient aux rois du Léviathan.

Dès leur arrivée, le prince Eiveen demanda une audience au pharaon régnant à l'époque : Khaneferra. Le prince de cette race extraterrestre avait une peau d'argent, des cheveux d'un bleu électrique et des yeux d'or pur, tandis que sa sœur, la princesse Ariss, avait une peau d'un blanc aveuglant, des yeux d'argent et des cheveux d'un bleu pervenche très pâle. Le pharaon fut d'abord fasciné et effrayé. Le prince lui expliqua tout et le rassura en lui disant qu'ils n'étaient pas venus sur Terre pour l'envahir, mais plutôt pour trouver un nouveau foyer temporaire afin de se remettre de leurs grandes pertes. Il lui assura qu'ils coopéreraient avec les Égyptiens en tout point et que, grâce à leur stature et à leurs compétences évidemment supérieures à celles des humains, ils seraient très utiles dans la construction d'autres pyramides, une tâche dans laquelle ils étaient particulièrement spécialisés. Ce serait un échange équitable entre les deux cultures, et le pharaon accepta.

Au cours des deux années qui suivirent, les Égyptiens apprirent beaucoup des géants Léviathans, et ces derniers en firent de même. Les extraterrestres commencèrent à servir les dieux égyptiens, leurs langues et leurs écritures se mélangèrent, et beaucoup devinrent même des amis proches. Les Léviathans étaient certainement plus avancés dans une myriade de domaines, mais les Égyptiens faisaient de leur mieux pour les suivre. Pendant ces deux années, il n'y eut jamais de discrimination entre eux.

Cependant, des rumeurs malveillantes commencèrent à circuler parmi les serviteurs du pharaon, insinuant qu'ils craignaient que la race extraterrestre ne prenne l'avantage sur eux. Après tout, les Léviathans étaient à la fois beaucoup plus grands et en meilleure forme physique, plus intelligents, et possédaient des connaissances inaccessibles aux humains. Par exemple, les Léviathans pratiquaient habilement l'art de la magie. Ils étaient magnifiques à regarder, et leur peau et leurs yeux vaudraient une fortune s'ils étaient vendus à un marchand étranger. Ces pensées néfastes s'insinuèrent de plus en plus profondément dans l'esprit du pharaon Khaneferra, déchiré entre son affection pour le prince Eiveen et sa crainte de décevoir ses serviteurs et ses sujets. Finalement, la peur l'emporta.

Après deux ans de paix, le pharaon décida d'enlever ce que le prince Eiveen avait de plus précieux : sa sœur, la belle et douce princesse Ariss. Le choix se porta sur Ariss principalement parce qu'elle ne mesurait que deux mètres et qu'elle était encore une petite fille, ce qui rendait son enlèvement relativement facile. Néanmoins, les Égyptiens savaient qu'enlever un extraterrestre de deux mètres de haut, capable de maîtriser la magie, ne serait pas une mince affaire. Ils utilisèrent donc ce qu'ils savaient être le seul point faible des

Léviathans : l'obsidienne. Cette pierre noire, à l'énergie négative, affaiblissait considérablement les extraterrestres, au point de les faire s'évanouir en cas de contact prolongé avec leur corps. Sur Leviathan, cette pierre maléfique n'existait pas ; le prince Eiveen n'avait découvert ce point faible que lorsque la sœur du pharaon, portant un collier d'obsidienne, l'avait frôlé, lui causant une douleur inexplicable.

Ainsi, armés de kilos d'obsidienne, les serviteurs du pharaon enlevèrent la princesse Ariss pendant la nuit, sans que son frère ou quiconque d'autre ne s'en aperçoive. Le lendemain matin, le mal était fait, et le pharaon lança un ultimatum au prince Eiveen et à son peuple : s'ils ne quittaient pas immédiatement la planète Terre, la princesse Ariss serait tuée. Furieux, le prince leur expliqua qu'il n'y avait pas de retour possible, mentant pour éviter que les Égyptiens découvrent le moyen de rouvrir le portail et ne tuent sa sœur en utilisant son cœur pour y parvenir. Les jours passèrent, Ariss restait prisonnière dans les cachots de la pyramide d'où ils étaient venus, et le prince ne savait plus quoi faire pour prendre le dessus. Les Léviathans étaient encore trop peu nombreux pour entamer une guerre contre les Terriens, malgré leur supériorité physique. Ils n'étaient pas organisés militairement sur cette planète étrangère et n'étaient pas assoiffés de sang. S'ils avaient déclenché une guerre contre les Égyptiens, cela aurait causé des millions de victimes. L'utilisation de la magie était également exclue, car les Léviathans ne l'utilisaient que dans des situations extrêmes, et les dieux ne leur accordaient pas toujours le pouvoir de l'utiliser. Si Eiveen avait demandé aux dieux de lui permettre de l'utiliser pour des raisons égoïstes, ils auraient peut-être retiré leur faveur et ne lui auraient plus jamais permis de l'utiliser.

Ariss, quant à elle, voyant l'épreuve interminable que devait endurer son frère bien-aimé, prit une décision difficile, dictée par son cœur bon et pur, rempli d'amour pour son peuple et pour Eiveen. Une nuit, la petite Ariss se fit violence et utilisa un morceau d'obsidienne tranchant pour se poignarder à mort. Ainsi, elle donnait à son frère les moyens de rouvrir le portail et de fuir ces Égyptiens, qui s'étaient révélés être un peuple lâche et cruel : son cœur.

Lorsque le pharaon découvrit l'acte désespéré (et inexplicable à ses yeux) de la princesse Ariss, il fut choqué, attristé et rempli de culpabilité. Il prévint immédiatement le prince Eiveen.

L'annonce de la mort du dernier membre de sa famille déclencha chez le prince une fureur jamais vue auparavant. Le peuple du Léviathan était reconnu dans tout l'univers comme un peuple pacifique, mais pour la première fois de l'histoire, l'un de ses membres devint si enragé et avide de vengeance qu'il changea radicalement de cœur et de nature. Les longs cheveux bleus d'Eiveen s'assombrirent, devenant noirs comme le corbeau, tout comme ses yeux. Le souverain extraterrestre demanda l'aide d'Amon Râ, le dieu suprême égyptien qu'il avait appris à vénérer au cours des deux dernières années. Cette fois, il ne se préoccupait plus de la nature égoïste de sa requête : il pria Râ et le supplia de lui accorder la force magique nécessaire pour se venger atrocement des Terriens, ces êtres vils et perfides qui lui avaient tout pris et brisé son âme à jamais.

Contre toute attente, Râ répondit à sa prière en lui accordant toute sa puissance divine. Avec cette force nouvelle, Eiveen lança une malédiction puissante qu'il grava sur l'ancien parchemin que les trois enfants du futur avaient trouvé, perdu au milieu des sables. Ce parchemin prophétisait la fin du monde des humains, l'apocalypse, et une future invasion des Léviathans sur Terre. Eiveen avait choisi de reporter sa vengeance à une date ultérieure pour donner à son peuple tout le temps nécessaire pour trouver une nouvelle planète où vivre, se rétablir, se repeupler, et se préparer militairement pour l'invasion la plus violente et la plus sanglante qui soit.

Pour protéger le cœur d'Ariss jusqu'à ce jour lointain, Eiveen l'enferma dans un sanctuaire impénétrable, dans cette pièce secrète protégée par une porte sacrée, et plaça une sentinelle pour le garder, au cas où quelqu'un tenterait de s'en approcher. Le jour où Ariss s'était sacrifiée en offrant son cœur pour le bien de son peuple fut baptisé le Jour du Destin. À ce moment-là, terrifiés par les conséquences de leurs actes, le pharaon Khaneferra et ses sujets virent le Léviathan ouvrir le portail et disparaître, enveloppé par ce faisceau de lumière aveuglante. Bien que le prince Eiveen soit mort de vieillesse depuis mille ans, sa fille, la princesse Ulkiriss, portait en elle le même désir de vengeance dévastateur hérité de son père. Elle était née avec des cheveux et des yeux noirs comme la nuit la plus sombre, et avait été formée dès son plus jeune âge à devenir une guerrière. Ses sujets, eux aussi, s'étaient multipliés de façon exponentielle au fil des siècles. Ulkiriss et ses millions de guerriers Léviathan étaient prêts et n'attendaient que l'ouverture complète du portail pour accomplir la prophétie et assouvir leur soif de vengeance.

CHAPITRE 6

Le flash-back se termina et les trois se retrouvèrent catapultés dans la réalité, les mains toujours plongées dans le faisceau de lumière aveuglant. Leurs doigts se trouvaient au-dessus de l'autel qui contenait le cœur d'Ariss. Maintenant, ils savaient. Cette source de lumière projetée puissamment dans le ciel était le cœur de la princesse extraterrestre.

Maintenant que tout est clair, leurs cœurs se serrent de tristesse, mais ils n'ont pas l'intention d'abandonner. Ils auraient même combattu une horde d'extraterrestres de quatre mètres de haut s'il l'avait fallu.

« Nous devons trouver un moyen de fermer le portail, » dit Alex pour rompre le silence.

« Essayons de briser la châsse, » propose Sam. Les deux garçons se mirent donc à tout essayer pour briser cette châsse incassable, à l'aide de poings, de cordes, de couteaux et de tous les autres objets qu'ils avaient à leur disposition. À ce moment-là, l'âme remplie de chagrin par ce qu'elle venait de voir, des souvenirs revinrent à Sarah. Des souvenirs qui correspondaient à toutes les fois où ses anciens amis s'étaient disputés avec elle. Maintenant qu'elle y pensait, c'était toujours la même histoire : ils se fâchaient contre elle, soit à cause de son attitude arrogante, soit parce qu'elle leur avait fait du tort, soit parce qu'ils lui demandaient du soutien et du réconfort, mais qu'elle n'était jamais capable de leur en donner. Lorsque ses amis lui reprochaient quelque chose de licite, elle se mettait en colère et ne comprenait jamais. Elle n'avait jamais fait son examen de conscience, elle n'avait jamais réalisé qu'elle avait eu tort, elle ne s'était jamais excusée. Pour cela, elle avait perdu tous ses amis. Maintenant, elle comprenait, maintenant tout était clair pour elle. Mais cela ne se reproduirait plus, plus jamais. Peut-être que la clé pour tout résoudre était de s'excuser.

À ce moment-là, Sarah bougea brusquement, faisant quelque chose d'inattendu aux yeux des deux autres, quelque chose qui bloquait toutes leurs tentatives de briser la châsse par la force : elle se jeta sur la châsse et l'enlaça. Elle embrassa le cube carré qui émettait une lumière qui l'aveuglait presque, fermant les yeux et criant à pleins poumons : « Je suis désolée ! Je suis désolée ! Je m'excuse, Ariss, pour tout ce que nous t'avons fait ! Tu ne méritais pas d'être traitée comme ça, non ! !! Tu ne le méritais pas ! !! Tu as été si bon avec nous, et nous aurions dû t'accueillir et te donner de l'amour ! !! Nous avons eu tort, c'est notre faute ! !! »

Sam et Alex ont été véritablement pétrifiés et émus par cette déclaration.

Et alors que leur amie criait ces mots d'excuses, la châsse se brisa d'elle-même, laissant le cœur d'Ariss libre. Sarah se mit alors à serrer fort le cœur de la princesse, le pressant, pleurant et continuant à s'excuser. Mais tout à coup, de ce faisceau de lumière devenu trop puissant, une présence émergea, une silhouette féminine d'au moins trois mètres de haut, élancée, féline, portant une redoutable armure de combat. Ils surent immédiatement de qui il s'agissait : ce devait être la princesse Ulkiriss, fille de feu Eiveen, celle qui était désormais à la tête de l'armée sanguinaire des Léviathans. L'extraterrestre avait de très longs cheveux noirs, des yeux de la même couleur et une peau argentée ; son apparence rappelait beaucoup celle de son père. Ses yeux étaient remplis de feu et d'un désir de vengeance qui émanait de tous les pores.

Alex et Sam pâlirent à cette vue, mais ils restèrent fermes lorsque le grand extraterrestre s'avança vers eux d'un air menaçant, les armes dégainées.
« Donnez-moi une seule raison de dire à mon armée, qui me rejoindra bientôt, d'épargner vos vies, » siffla-t-elle, prête à les tuer.
« Parce que nous ne sommes pas ceux qui vous ont trahis, chassés, et qui ont causé la mort d'Ariss, » répondit promptement Sam en lui faisant face, même s'il fut obligé de reculer, car Ulkiriss avançait vers lui en pointant son immense épée sur sa gorge. « Cela fait plus de 4000 ans, ce qui est long pour nous, puisque nous vivons au maximum 100 ans. Ceux qui t'ont fait du mal étaient des gens, des êtres humains complètement différents de nous. Nous ne vous avons rien fait, nous sommes innocents, » insista-t-il hardiment.
« Personne ne peut me garantir que vous n'auriez pas fait la même chose à leur place, voire pire. Les Terriens sont tous pourris. Et puis... ce n'est que justice que les descendants paient pour les péchés de leurs pères ! » s'exclama-t-elle en laissant tomber Sam au sol et en pressant la lame de son épée contre sa gorge, bien décidée à le tuer.
À ce moment-là, le blond la regarda dans les yeux par en dessous, supportant la douleur de l'épée contre son cou. « Je peux imaginer ce que ton père a dû ressentir : moi aussi, j'ai

une sœur, et si quelqu'un devait lui faire du mal, je... perdrais la tête. Mais je n'abandonnerai pas. Nous n'abandonnerons jamais. C'est notre maison, et nous la défendrons bec et ongles à tout prix. Je sais que tu me comprends. Ton père et Ariss ont eux aussi défendu leur peuple avec acharnement, jusqu'à la mort. Nous ne sommes pas différents, nous ne l'avons jamais été. Nous nous ressemblons plus que tu ne le penses. Et non, tu ne peux pas nous condamner pour des erreurs que nous n'avons pas commises. Nous sommes des gens raisonnables et pacifiques, tout comme nos proches. Tu exterminerais de sang-froid une race entière, composée de femmes, d'enfants, de vieillards, d'innocents qui ne savent même pas qui vous êtes ? Je ne crois pas que ce soit ce que tu es. Je sais que tu es d'un peuple pacifique. Pourquoi ne pas mettre fin à la haine ? Nous nous excusons, tout en sachant qu'il vous sera impossible d'oublier. Mais peut-être, peut-être pouvez-vous au moins nous pardonner, » conclut Sam.

Apparemment, ce discours avait remué quelque chose au plus profond de l'âme de la princesse guerrière. Ulkiriss déposa son arme et regarda le garçon allongé sur le sol comme si elle le voyait pour la première fois. Son regard changea, devenant moins colérique et moins conflictuel. L'extraterrestre comprit que ces trois petits garçons étaient aussi désireux de défendre leur peuple qu'elle, et son père avant elle, l'auraient été. Ils n'étaient pas si différents, il avait raison. Et maintenant, ils s'étaient excusés pour les fautes commises par leurs ancêtres, même s'ils ne les avaient pas commises eux-mêmes. Mais Ulkiriss ne savait pas si elle pouvait leur pardonner. La colère l'avait toujours animée, depuis sa naissance, depuis que son père lui racontait chaque soir les terribles torts qu'il avait subis, et la mort tragique de sa sœur bien-aimée, Ariss. Elle avait été entraînée à être rancunière et à se battre, même jusqu'à la mort. Au fond de son cœur, elle savait qu'elle pouvait leur donner une seconde chance, mais, en réalité, elle n'était pas sûre d'en être capable.

Soudain, l'autre petit garçon, celui aux cheveux roux, intervint. Alex regarda la princesse Ulkiriss et s'interposa entre elle et son amie. Il lui adressa un sourire humble et sincère, lui montrant ce qu'il tenait dans ses mains : pour l'extraterrestre, cela ressemblait à un appareil technologique.

«Je sais que vous avez une technologie très avancée, j'ai eu l'occasion de m'en rendre compte récemment, avec l'engin que vous avez placé pour défendre cette salle du jugement. Cependant, j'aimerais vous offrir quelque chose que vous n'avez peut-être pas,» commença Alex en levant son smartphone en direction de l'extraterrestre. Sur l'écran, une

icône s'affichait, représentant une toute nouvelle application encore en phase de test.
« Il s'agit d'une application basée sur une technologie d'intelligence artificielle particulière. Cette intelligence artificielle permet de reconstituer complètement l'apparence physique et, dans certains cas, la voix d'une personne décédée, en se basant uniquement sur les souvenirs de cette personne, » expliqua Alex. « Tu pourras voir ta tante et même entendre sa voix, même si tu ne l'as jamais rencontrée. J'imagine que ton père t'a beaucoup parlé d'elle et qu'elle te manque. Tu as toujours voulu la rencontrer. Maintenant, tu peux le faire, d'une certaine manière, » conclut-il en lui souriant tristement et en lui tendant le smartphone. « Nous ne pouvons malheureusement pas te la rendre, même si nous le voudrions de tout cœur. Mais nous pouvons t'offrir ceci. Accepte notre cadeau, s'il te plaît. »
Ulkiriss accepta le cadeau d'Alex et prit enfin sa douloureuse décision : elle épargnerait les humains. Si les Terriens étaient comme ces trois-là, alors cela valait la peine de les laisser en vie et d'oublier les rancunes du passé. Elle recommencerait à zéro. La princesse extraterrestre se tourna vers le cœur qui avait ouvert le portail, sachant que ses soldats allaient bientôt la rejoindre. Elle remarqua que la troisième petite fille avait serré le cœur d'Ariss pendant tout ce temps, pleurant et

s'excusant auprès d'elle. Sarah le tenait comme s'il était précieux, sans se soucier de l'immense lumière qu'il émettait et qui l'aveuglait presque, même les yeux fermés.

Ulkiriss était émue.

« Je vais retourner en arrière et vous laisser vivre, » déclara Ulkiriss en se dirigeant vers le faisceau de lumière. « Mais vous devez fermer le portail immédiatement après mon départ. Le seul moyen de le faire est de détruire le cœur d'Ariss. »

Sam et Alex acquiescèrent, lui sourirent et la regardèrent disparaître dans cette lumière infinie aussi rapidement qu'elle était apparue.

Ils s'approchèrent de Sarah et posèrent une main sur son épaule. « C'est fini, Sarah. Il faut maintenant fermer le portail, » l'encouragea Alex.

« Tu t'es suffisamment excusée auprès d'Ariss. Nous devons maintenant détruire le cœur, Ulkiriss a dit qu'il n'y avait pas d'autre solution, » ajouta Sam doucement.

« Non ! Je ne veux pas faire ça... Je ne veux pas le détruire, » répondit Sarah en serrant le cœur encore plus fort. « Elle a déjà assez souffert... »

À ce moment-là, Sarah eut l'impression d'entendre la véritable voix d'Ariss, douce, apaisante et chaleureuse, qui la rassurait :

« Merci, Sarah. Merci d'avoir pris soin de moi, de m'avoir présenté des excuses et de m'avoir fait sentir la chaleur et l'amour une dernière fois. Au revoir, mon amie. »

Et lorsque cette voix disparut de l'esprit de Sarah, le cœur se désintégra en de nombreux petits grains lumineux, qui se dispersèrent dans l'air avant de disparaître complètement.

La salle du jugement était à nouveau sombre, le rayon de lumière avait disparu, et le portail était fermé. Plus de sanctuaire, plus de cœur.

Ils étaient seuls, tous les trois, et ils avaient sauvé le monde ensemble, en unissant leurs forces.

« Vous deux... ! Embrassez-moi tout de suite ! » s'exclama Alex d'une voix tremblante, en ouvrant les bras. Sam et Sarah ne se firent pas prier et se jetèrent sur lui, se serrant tous les trois très fort dans les bras les uns des autres.

À leur retour à l'hôtel, leurs parents les réprimandèrent à nouveau pour avoir disparu toute la journée sans donner de nouvelles, mais cette fois-ci, ils le prirent bien. Après tout, ils avaient sauvé le monde. Toute punition ou réprimande en valait la peine.

Les jours suivants, ils profitèrent du reste des vacances en restant toujours ensemble, se relaxant au bord de la piscine, se promenant dans la ville et passant des heures dans les chambres les uns des autres à parler de tout et de rien. Les derniers jours, la nostalgie commença à les envahir, car ils savaient que Sam et Alex retourneraient bientôt dans leur pays d'origine, tandis que Sarah resterait en Égypte. Cependant, ils se promirent de rester en contact et de se rendre visite bientôt.

Le dernier jour, alors qu'ils se baignaient dans la piscine, profitant du beau soleil et discutant sur la chaise longue, ils aperçurent une présence qu'ils ne s'attendaient pas du tout à voir : Sadiki se tenait à l'entrée de la piscine, vêtu de ses vêtements bizarres et arborant un sourire en coin, les saluant amicalement. Le vieil archéologue s'approcha d'eux et s'assit à côté de Sarah. « Alors... je suppose que vous avez empêché l'apocalypse, puisque nous sommes tous encore là ! » s'exclama-t-il joyeusement.

« Hum, qu'est-ce qui te fait dire ça ? » répondit Sarah d'un ton sarcastique.

« Pas grâce à ton aide, » lança Alex.

« Eh bien, il semblerait que mon aide n'ait pas été très utile, n'est-ce pas ? » répondit le vieil homme avec un sourire espiègle, puis il tourna son regard vers le garçon blond. « Et les cauchemars, comment ça va ? » lui demanda-t-il.

« Mieux, merci, » répondit Sam.

Sadiki remarqua que le petit garçon avait retrouvé des couleurs (et même pris un peu de soleil), et que ses yeux pétillants exprimaient la vitalité et l'énergie. « Tu as l'air beaucoup mieux que la dernière fois, tu n'as plus l'air malade. Vous avez tous beaucoup changé grâce à cette expérience, chacun de vous : Samuel, Sarah et Alexandre, » dit-il en les regardant tour à tour. « Je suis vraiment curieux de savoir ce que vous avez vécu à l'intérieur de cette pyramide, » ajouta-t-il.

À ce moment-là, les trois échangèrent un regard complice et sourirent en sirotant leur smoothie frais.

« Il est toujours temps de se lancer dans une nouvelle aventure, n'est-ce pas ? » dit le vieil homme avec désinvolture, ce qui les fit tous soupirer.

« Vous savez, j'ai trouvé un autre parchemin qui dit... » Mais il n'eut pas le temps de finir sa phrase que les trois enfants le poussèrent simultanément dans la piscine, le faisant plonger tout habillé. Sadiki ressortit de l'eau, riant aux éclats, tandis que les trois amis éclataient de rire à leur tour, heureux et soulagés d'avoir vécu ensemble cette aventure extraordinaire.

FIN

Printed in France by Amazon
Brétigny-sur-Orge, FR

23694609R00067